TERAPIA INTEGRAL DE PAREJA
PASO A PASO

JORGE BARRACA MAIRAL

JOSÉ MANUEL SÁNCHEZ OLID

TERAPIA INTEGRAL DE PAREJA
PASO A PASO

Terapia Integral de Pareja paso a paso
Segunda edición: julio, 2019
© Jorge Barraca Mairal
© José Manuel Sánchez Olid
ISBN: 9781074766252
Independently published

ÍNDICE

PRESENTACIÓN

Las relaciones interpersonales pueden ser una gran fuente de satisfacción y también de malestar y tensión emocional. La forma en la que nos relacionamos con amigos, compañeros de trabajo, familiares, etc. determinan en buena medida la estabilidad personal, el bienestar y las expectativas de futuro. Esto cobra especial importancia en el caso de la relación con la pareja, dado que una buena parte de nuestras actividades, alegrías y penas están asociadas a ella, y proporciona, cuando las cosas van bien, un intenso apoyo emocional y social.

Sin embargo, mantener una relación de pareja satisfactoria y estable no siempre resulta fácil. Se estima que el porcentaje de divorcios en Estados Unidos varía entre el 40 y el 50 por ciento, mientras que en la Unión Europea, en las últimas décadas, el número de matrimonios disminuye a la vez que el número de divorcios aumenta y, en posteriores matrimonios, en contra de lo esperable, la tasa de separaciones y divorcios aumenta aún más.

A partir de los años cuarenta y cincuenta del siglo XX, la psicología comenzó tímidamente a abordar este problema mediante las psicoterapias basadas en el consejo psicológico y la figura de los consejeros matrimoniales, siendo ya en los años sesenta cuando apareció la terapia de pareja, o terapia marital, basa en los principios del condicionamiento. Más adelante, en los años setentaochenta, las aportaciones cognitivas dieron lugar a la terapia cognitivo-conductual de pareja y en los años noventa se acabó por conformar, tras una profunda revisión de los modelos anteriores, la terapia integral de pareja (TIP), tema de este libro. Actualmente, esta terapia cuenta con un buen número de ensayos clínicos e investigaciones rigurosas que avalan su eficacia y la convierten en la terapia de elección en el siglo XXI.

Jorge Barraca Mairal, doctor en Psicología, especialista en Psicología Clínica y profesor de la Universidad Camilo José Cela de Madrid, junto con Manuel Sánchez Olid, psicólogo sanitario y docente en Terapiascontextuales, presentan en este libro las principales características de la terapia integral de pareja, desarrollando a lo largo de diez capítulos, paso a paso, la forma de llevar a cabo una intervención desde esta perspectiva, incluyendo todas sus fases, desde las entrevistas iniciales hasta la finalización del tratamiento, la prevención de recaídas y el seguimiento en el tiempo.

Para ello, elaboran un interesante relato novelado en el que una pareja que acude a consulta va afrontando, sesión a sesión, sus problemas con la ayuda de una psicóloga, y tras cada sesión comenta las preguntas e intervenciones realizadas por la terapeuta.

La obra se completa con un anexo en el que se detallan los puntos precisos para cuidarse en pareja, las reglas para solucionar conflictos y tomar decisiones conjuntas, así como la prevención de recaídas. Se aporta una abundante y actualizada documentación bibliográfica, se comentan otras obras de referencia que permitan al lector ampliar información sobre el tema y se indican direcciones de interés para los interesados en estas cuestiones.

El libro está escrito de forma ágil y dinámica, de modo que el lector mantenga e incremente su interés a medida que avanza la lectura. Se trata de una buena obra de divulgación que dejará satisfechos tanto a los profesionales, estudiosos del tema y estudiantes, como al público en general.

Juan José Miguel Tobal
Catedrático de Psicología
Universidad Complutense de Madrid

INTRODUCCIÓN

La terapia de pareja

¿Puede un psicólogo ayudar a una pareja que tiene problemas? ¿Tiene posibilidades reales de comprender de dónde vienen sus dificultades? Y más aún, ¿es capaz de ofrecerles una terapia que en el futuro evite sus desavenencias? Es normal dudar de que todo esto sea posible. Uno o los dos miembros de la pareja pueden pensar que un terapeuta, por muy experto que sea, por mucha experiencia que posea, por muy formado que esté llegue a comprender el fondo de su problemática, sea capaz de tener presente todo lo vivido entre ellos anteriormente y, mucho más, logre adivinar qué dificultades renacerán o surgirán en los años venideros. ¿Cómo alguien puede saber si es mejor separarse para prevenir más infelicidad futura? ¿No puede ser que esa decisión suponga el error más grande de la vida? ¿Es tarea del profesional sugerir o recomendar algo como una separación? ¿Puede un psicólogo tener datos como para saber si eso será lo mejor para una pareja?

Durante mucho tiempo estas cuestiones han preocupado a los propios profesionales. La propuesta de la terapia de pareja ha constituido un campo de desarrollo fundamental dentro de la psicología clínica y de la salud; una temática que ha generado múltiples modelos teóricos e importantes ensayos clínicos. Y es normal que haya sido así, pues es bien sabido que las relaciones de pareja conflictivas constituyen una notable fuente de sufrimiento, e incluso llegan a generar problemas difíciles de superar. Prueba de ello es que las personas con tensiones en sus relaciones de pareja sufren con mucha más probabilidad ansiedad, depresión y suicidio, abuso de sustancias y conductas de riesgo para la salud[1]. Existe literatura científica que demuestra la relación entre el malestar en la pareja y los problemas en la vida laboral, así como el desencadenamiento —o la recaída— en la depresión[2]. Además, unas malas relaciones de pareja no solo pueden disparar estos trastornos: también pueden agravar otros ya existentes, como la agorafobia o el trastorno obsesivo-compulsivo; mientras que, por el contrario, una relación de pareja estable y mutuamente satisfactoria se asocia con beneficios y buena salud para los cónyuges y para sus hijos[3]. En suma, hay buenas razones para tratar de mejorar las relaciones de pareja con problemas. Y también hay respuesta a la pregunta de si es posible que los psicólogos puedan ayudar efectivamente en estas situaciones, e incluso si pueden prevenir los conflictos futuros: la respuesta es sí.

Para poder llegar a afirmar esto, la terapia de pareja ha recorrido un largo camino, a través del cual ha ido cambiando y mejorando en sus técnicas de forma progresiva. Sin embargo, no todas las terapias de pareja han probado

---

[1] Gurman (2008); Snyder, Castellani, & Whisman (2006).

[2] O'Donohue & Fergunos (2006); Whisman (1999).

[3] Halford & Snyder (2012).

su efectividad de modo evidente. Hoy por hoy, resulta incontrovertible que la terapia conductual de pareja es la que ha reunido un apoyo empírico mayor, como demuestran multitud de investigaciones[4]. Para una entidad fiable, independiente de modelos y guiada exclusivamente por estudios científicos como es la Sociedad de Psicología Clínica - División 12 de la Asociación de Psicología Americana (APA), la única terapia de pareja que hoy en día reúne realmente apoyo empírico es la terapia conductual de pareja, y exclusivamente para los problemas de abuso de alcohol y para la depresión. Por supuesto, esto no significa que otras terapias de pareja no sean potencialmente eficaces, pero si este es el caso, aún no han presentado el mismo aval que la terapia conductual de pareja.

La terapia conductual de pareja

Los primeros acercamientos desde el modelo conductual a los problemas de pareja pueden remontarse a finales de los años sesenta y primeros de los setenta. Richard Stuart es el autor de un artículo pionero[5] en el que exponía cómo aplicar principios del condicionamiento operante a la terapia marital. Una década más tarde[6], este

---

[4] Por citar solo algunos trabajos de singular relevancia respecto a este punto, pueden consultarse: Baucom, Shoham, Meuser, Daiuto, & Stickle (1998); Jacobson, Christensen, Prince, Cordova, & Eldridge (2000); Jacobson, Follette, & Pagel (1986); o Waring, Stalker, Carver, & Gitta (1991).
[5] Stuart (1969).
[6] Stuart (1980).

mismo autor amplió su modelo de intervención para elaborar un manual en el que detallaba una intervención basada en el aprendizaje social, como ya había propuesto Liberman[7] al integrar los trabajos de Albert Bandura[8] y los principios de aprendizaje más conocidos o tradicionales (operantes).

Para la correcta aplicación de estos componentes terapéuticos, según Liberman había que servirse del ensayo y del modelado, con el fin de corregir los patrones de comunicación inadaptados de la pareja. Apoyándose en estas técnicas, así como en el reforzamiento mutuo, durante los años setenta otros autores presentaron diversas intervenciones en este tipo de cuestiones[9], además de extenderse los principios del condicionamiento operante y las relaciones basadas en la coerción desde las interacciones padres-hijos a las de las parejas con problemas[10].

No obstante, mucho más impacto que estos trabajos tuvo el texto que publicaron Jacobson y Margolin[11] justo a finales de los setenta. Esta monografía, que compendiaba las intervenciones conductuales para la pareja y ofrecía un tratamiento estructurado y claro en sus principios y componentes, resultó crucial para la divulgación de estas técnicas entre los terapeutas, que se encontraron dotados así de un manual con el que organizar sus sesio-

---

[7] Liberman (1970).
[8] Bandura & Walters (1963).
[9] Azrin, Naster, & Jones (1973); Vincent, Weiss, & Birchler (1975).
[10] Weiss, Hops, & Patterson (1973).
[11] Jacobson y Margolin (1979).

nes. Además, el libro favoreció las investigaciones al brindar por fin un método terapéutico claro para la comparación y el análisis de resultados tras una terapia de pareja.

Para Jacobson y Margolin los componentes que se consideraron fundamentales en una intervención de pareja fueron tres, a saber, el intercambio conductual, la comunicación y la solución de problemas. Los problemas de la pareja se entendían, en consecuencia, como producto de un déficit en alguno de estos componentes, bien por parte de uno de los miembros, bien por ambos. En consecuencia, la intervención consistía básicamente en ayudar a la pareja a adquirir estas habilidades de forma que, tras un entrenamiento que compensase el déficit, fueran capaces de crear un clima cálido por medio del mutuo intercambio de conductas gratificantes (reforzadores); por medio también de una comunicación no acusadora ni indirecta o poco clara, sino facilitadora, comprensiva y explícita; y por medio de acuerdos satisfactorios para los dos. Estos componentes se sucedían cronológicamente, pues se comprobó que las parejas con problemas debían primero mejorar su clima relacional (a través del intercambio de reforzadores), para facilitar luego la negociación y la adopción de decisiones de mutuo acuerdo (gracias a las habilidades de comunicación y, finalmente, de resolución de problemas). Al final, el objetivo consistía en recuperar la satisfacción en la vida en pareja. Se presentaba como una intervención breve (de unas veinte sesiones) y claramente protocolizada; con objetivos a nivel "micro" (por ejemplo, número de veces que la pareja salía a cenar) o "macro" (por ejemplo, grado de intimidad recuperado), tareas para casa e implementación progresiva de las habilidades adquiridas en sesión a los problemas reales y cotidianos.

Durante muchos años, el entrenamiento en estos componentes ha constituido la forma de entender una intervención conductual de pareja, y en la actualidad, aunque se han añadido otros y la terapia de conducta ha introducido nuevos conceptos, siguen formando parte de casi todos los modelos de intervención.

A partir de los años ochenta, la terapia conductual de pareja –como el resto de la terapia de conducta– quedó impregnada de los modelos cognitivos de tratamiento, dando lugar a lo que se denominó terapia cognitivo-conductual de pareja. Así, a los componentes mencionados anteriormente, se sumó el análisis de las creencias, distorsiones, actitudes y expectativas de los miembros de la pareja y, en consecuencia, se propuso incorporar a las terapias anteriores la reestructuración cognitiva[12]. Hay que recordar, no obstante, que bastantes años atrás, ya Albert Ellis había abogado por tener en cuenta el papel de la cognición en los problemas maritales[13], asumiendo que una relación en que uno de los miembros mantuviera creencias irracionales, o bien tuviese unas evaluaciones muy negativas de su pareja y creyese que no alcanzaría sus expectativas, acabaría por volverse disfuncional. Más tan-

---

[12] Baucom (1982); Baucom & Epstein (1990); Baucom & Lester (1986); Baucom, Sayers, & Sher (1990).
[13] Ellis & Harper (1961).

gencialmente, Aaron Beck había señalado que los esquemas o creencias básicas sobre el mundo y su funcionamiento igualmente resultarían fundamentales para una terapia de pareja que quisiera resultar eficaz[14]. La incorporación de las estrategias de reestructuración resultó muy prometedora en un principio, pero con el andar de los años esta extensión de la terapia cognitiva al ámbito de la pareja no acarreó una mejora sustancial respecto a los resultados de la terapia que originariamente propusieron Jacobson y Margolin[15].

Además, la intervención conductual planteada por Jacobson y Margolin ha sido la que ha gozado de un mayor número de investigaciones rigurosas y ensayos clínicos. De hecho, se han llevado a cabo más de veinte estudios aleatorizados para compararla con otras intervenciones o con grupos control[16], por lo que hasta hace unos años era la única calificada como "intervención tanto eficaz como específica"[17]. Sin embargo, a pesar de estos buenos datos de investigación, hay que reconocer que no ha obtenido siempre los resultados que se esperaban[18]. Igualmente, de

---

[14] Beck (1976).

[15] Baucom, Shoham, Meuser, Daiuto, & Stickle (1998).

[16] Baucom et al. (1998); Jacobson, Christensen, Prince, Cordova, & Eldridge (2000).

[17] Baucom et al. (1998, p. 62).

[18] Baucom, Epstein, & Gordon (2000). Por concretar más, especialmente ineficaz se ha mostrado en los casos de parejas con desavenencias más severas (Snyder, Mangrum, & Wills, 1993), o en casos de miembros de la pareja más mayores (Baucom & Hoffman, 1986; cit. en Cordova, Jacobson, & Christensen, 1998); tampoco en aquellas parejas que se definían como emocionalmente distanciadas (Hahlweg, Schindler, Revenstorf, & Brengelmann, 1984; cit. en Cordova et al. 1998; Johnson & Lebow, 2000), o muy polarizadas

acuerdo con una revisión del mismo Jacobson y Addis[19], aunque el cincuenta por cierto de las parejas tratadas mejoró, únicamente un tercio consiguió una mejoría realmente importante o significativa durante el tratamiento. Entre aquellas que sí progresaron, un treinta por ciento no mantuvo las ganancias al cabo de dos años[20], y el porcentaje de parejas separadas o divorciadas al pasar cuatro años de la finalización de la terapia alcanzó un treinta y siete por ciento[21].

El surgimiento de la Terapia Integral de Pareja

Los resultados antedichos, junto con su experiencia clínica cotidiana que le inclinaba a pensar que la terapia de pareja conductual estaba abocada al fracaso cuando los cónyuges no mantenían un enfoque colaborador o implicado, supusieron un estímulo para Neil Jacobson respecto a la necesidad de mejorar su modelo. Fruto de una revisión crítica y profunda de su intervención, y en colaboración con Andrew Christensen, acabó por conformar una terapia cualitativamente distinta de la que en su día planteó con Margolin. La nueva intervención se acabaría

---

respecto a sus roles de género (Jacobson & Addis, 1993; Jacobson, Follette, & Pagel, 1986).
[19] Jacobson & Addis (1993).
[20] Jacobson, Schmaling, & Holtzworth-Munroe (1987).
[21] Snyder, Wills, & Grady-Fletcher (1991).

denominando "Terapia Integral (Conductual) de Pareja" (TIP)[22].

Este nuevo modelo no echa por tierra todos los progresos que la terapia de conducta tradicional había representado y, de facto, continúa incluyendo las estrategias de intercambio de conductas y las de comunicación-solución de problemas; sin embargo, vuelve este tipo de destrezas secundarias ante la novedosa incorporación de las técnicas de aceptación y tolerancia, que pasan a constituir la columna vertebral de la terapia. Por consiguiente, la TIP no puede considerarse tanto una continuidad o ampliación de la terapia de pareja conductual cuanto una evolución a partir de esta; una evolución que la expande hasta modificarla cualitativamente.

La clave transformadora de la TIP respecto al modelo anterior radica en la incorporación de la aceptación; de acuerdo con Jacobson y Christensen, era este el 'eslabón perdido' en la terapia de pareja[23]. No obstante, es importante aclarar desde el principio que no se trata ni de la aceptación que propugnan otras terapias contextuales o de tercera generación, como la Terapia de Aceptación y Compromiso[24], ni de la aceptación comprendida de forma coloquial, esto es, aceptar cualquier comportamiento o forma de ser de la pareja. Tampoco debe creerse que la aceptación se concibe en el sentido de no procurar ningún

---

[22] Christensen, Jacobson, & Babcock (1995); Jacobson & Christensen (1998).
[23] Jacobson & Christensen (1998, p. 10).
[24] Hayes, Strosahl, & Wilson (1999).

cambio en la pareja o de resignarse a la situación existente. Antes al contrario, la aceptación aquí propugnada comporta otro medio para cambiar lo que de negativo exista en la relación. Justamente, frente al inmovilismo que podía suponer la dinámica de la relación anterior a la terapia, siempre abocada al mismo resultado frustrante, en la TIP lo que tiene sentido es el equilibrio entre la aceptación y el cambio. De hecho, el término *integral* de la denominación de este modelo guarda relación con el adecuado equilibrio que se persigue entre las estrategias de cambio y las de aceptación. En realidad, dado que el concepto de aceptación resulta tan fundamental en esta terapia, se abordará a lo largo de distintos capítulos de este texto, de forma que su sentido quede bien establecido. Sin embargo, debe adelantarse ya que la aceptación se va a entender como una alternativa esperanzadora para las parejas con conflictos graves; y se postulará como un método o un vehículo para que los problemas que padecen se conviertan –paradójicamente– en el medio para lograr una mayor proximidad, intimidad, compasión y comprensión. Al cabo, uno de los resultados de esa ganancia de intimidad será el cambio voluntario a fin de estar más cerca de los deseos de la pareja. De forma más sencilla: en muchas ocasiones, la aceptación real de la situación llevará al cambio.

La estructura de este libro

Los capítulos que vienen a continuación son una presentación organizada de la TIP, cuya manera de proceder se explicará a través de un ejemplo práctico que recorre todo el libro: el caso de Pedro y Marina. Los autores de este texto hemos optado por tal forma de transmitirla por parecernos que ilustraría mejor que cualquier otro desarrollo –y tanto para el público especializado como para el novel– cómo se lleva a cabo una intervención desde esta terapia y en todas sus fases: entrevistas iniciales, recogida de información, formulación del caso, devolución a los clientes, proceso terapéutico, incorporación de las técnicas, consolidación de los resultados, cierre de la intervención, prevención de la recaída y seguimiento.

En las páginas que siguen inmediatamente conoceremos a una pareja que no es real, pero sí verdadera en su historia, su dinámica, sus diálogos y, por supuesto, sus sentimientos. Pedro y Marina no son de carne y hueso y no fueron a una terapia más allá de estas páginas, pero están esbozados a partir de muchas otras que sí acudieron realmente y que tenían estas mismas tensiones y desavenencias. Por su parte, la terapeuta es una profesional que funcionaría idealmente bajo el modelo de la TIP.

Para aclarar del todo la terapia y el comportamiento de la profesional que la pone en práctica, después de cada sesión se dedicarán unas páginas a justificar sus preguntas e intervenciones, y estas se conectarán con las técnicas y postulados de la TIP. No se debe dejar de advertir que el uso de casos clínicos ejemplares o representativos posee una gran tradición en los enfoques conductuales, donde los diseños $N=1$ han servido para enseñar los procedimientos de intervención a varias generaciones de terapeutas. Ojalá que en este caso la combinación entre presentación del caso y explicación de la intervención también sea la más práctica para desentrañar este modelo.

A pesar del tiempo transcurrido desde la aparición de sus primeros textos, la TIP es un tratamiento aún poco divulgado entre los terapeutas de pareja y –más en general– entre los de conducta. No obstante, desde el punto de vista de los autores de este libro, posee un enorme potencial y el conocimiento de sus claves ayudará a los psicólogos a hacer sus intervenciones más eficaces a corto, largo y medio plazo. Por supuesto, nadie puede pretender llevar a cabo una correcta aplicación de este modelo exclusivamente desde la lectura de un texto, por muy ilustrativo que sea, y se hace imprescindible complementarlo con una formación más directa en talleres y cursos, o por medio de la supervisión de casos. Únicamente así se podrán adquirir las competencias necesarias para su puesta en práctica con parejas que sí son reales. No obstante, está aquí dado el primer paso: su divulgación a través de un texto sencillo pero no simplificador.

1. PRIMER CONTACTO

Sesión conjunta con la pareja (Sesión 1)

—No sabría por dónde empezar, la verdad... No estamos bien... —Comenzó Marina con voz débil y realmente seria. ¿Cómo se sentiría Pedro escuchándola?

—Está bien —dijo Cristina con un tono de voz muy cálido— es normal no dar con las palabras cuando hablamos de algo complicado, tómate el tiempo que necesites.

—Es que no sé cómo estamos, o cómo estamos así... realmente discutimos mucho, no estamos bien, y el otro día ya fue el colmo...

Cristina giró la mirada hacia él:

—Pedro, ¿qué me podrías decir tú?

—Pues... sí, que estoy de acuerdo, no sé qué ocurre. Yo... la quiero, lo tengo claro, pero llevamos mucho tiempo sin entendernos.

Mientras decían estas palabras, ambos empezaban a sentir algo raro: se hallaban delante de una desconocida, pero también estaban poniendo las cartas sobre la mesa. Ya sabían que estaban cansados, que discutían de continuo, pero no habían previsto que expresarlo ante un tercero supusiera una experiencia tan diferente y calmante, en cierta manera. ¿Sería quizás por el ambiente?, ¿el clima que se estaba creando? Cada uno por su cuenta pensaron que Cristina parecía competente y capaz de entender estos problemas.

Al entrar en la consulta, les había dirigido algunas preguntas de rigor: datos propios de ficha de consulta, quién les derivaba, etc.; también había mencionado sus honorarios. Además, les había agradecido la confianza en ella y explicado la confidencialidad con que trabajarían. Sin embargo, algo menos esperada resultó la pregunta de si ambos habían querido venir o uno había insistido al otro para acudir allí.

Cristina les sacó del breve silencio:

—Si yo estuviera observándoos en algún momento de esos en que no os entendéis, ¿qué es lo que vería?, ¿qué haríais cada uno?

Aquí Marina tomó la iniciativa y empezó a contar que en muchas ocasiones habían quedado con otras parejas para salir y tomar algo, pero a Pedro, a última hora, no le había apetecido el plan, con lo que había iniciado una discusión.

—Eso no es así realmente, y lo sabes. No se trata de que a mí no me apeteciera, ¡es que siempre estamos haciendo lo que tú quieres! ¡Tus planes, exclusivamente tus planes! Yo no me siento libre de decirte que no quiero hacer esto o lo otro, siempre me lo echas en cara —Pedro había saltado como un resorte.

Ambos entraron en una dinámica de réplicas y reproches bien conocida... pero Cristina permaneció callada y serena. Sin intervenir, observaba la manera en que Pedro y Marina se polarizaban, cada uno en una dirección, atacando al otro, escuchándose solo a sí mismos. Tras un nuevo silencio en que la pareja ya parecía haberse dicho todo o habían llegado al punto de saturación, Cristina siguió preguntando:

—Marina, antes has dicho que lo que pasó el otro día fue el colmo, ¿qué ocurrió?

Ambos bajaron la mirada y suspiraron. Un momento después Marina empezó:

—En realidad, empezamos como siempre, sí... como siempre, como tantas veces, pero... Bueno, trataré de ser más ordenada. Volvíamos a casa en nuestro coche, yo iba pensando, y por su actitud creo que Pedro también, que no era feliz, que no quería esa vida. Yo estaba amargada porque sentía que él me obligaba a vivir una vida a su manera, como él quería, con sus reglas. O aceptaba eso o ya me podía preparar para un infierno.

Pedro negaba con la cabeza y apretaba la mandíbula. Marina siguió:

—Así llegamos a casa, cada vez más enfadados el uno con el otro. Empezamos a hablar más alto, a movernos nerviosos. Yo lo reconozco, sí, que cada vez que discutimos nos enzarzamos más y más y ando de aquí para allá y pego manotazos al aire. Pero esta vez pasó algo diferente a todas las otras veces... —los dos se miraron un momento— golpeé sin querer una jarra de agua que se encontraba en la mesa del salón, cayó al suelo y se rompió en mil pedazos haciendo un ruido espantoso. Tras unos segundos en que me quedé como atontada, alguien tocó el timbre de casa y de forma automática Pedro fue a abrir.

Era nuestra vecina, Toñi, una mujer que parece buena persona, pero con la que no tenemos más relación que "hola y adiós", de vecinos. Aunque Pedro seguía delante de ella en la puerta, Toñi inclinó algo el cuerpo para verme. Estaba como asustada. Me preguntó que si estaba bien. "Sí, sí, Toñi", le dije yo, "No te preocupes, perdona si te hemos molestado, solo se ha caído una jarra". Y Pedro también insistió y se apresuró a decir de forma cómplice "¡No te preocupes Toñi, de verdad!", "es que Marina, iba algo acelerada y le dio sin querer a la jarra. ¡Gracias por llamar y preguntar! Y Toñi nos dijo: "...ah bueno... es que como oía voces... me ha dado mucho miedo, la verdad... siento haberos molestado, bueno, perdón y buenas noches". Se fue, y... entonces... no pude evitar agacharme, acuclillarme en el suelo y empecé a llorar y llorar. Ahora sé que lloraba de vergüenza. Pedro no lloró, pero estaba como congelado. Nos dimos cuenta de que nuestra vecina nos había oído no solo en esta ocasión, sino todas las veces, mil veces. Una mujer que bien podría ser mi madre. Y debía haber sentido tantas veces las peleas que había llegado a pensar, al oír los vidrios rotos, que Pedro me había pegado.

Durante un buen rato nadie dijo nada.

—Tuvo que ser un episodio realmente embarazoso para ambos... —Cristina rompió el incómodo silencio. —Me gustaría que cada uno me contase cómo se siente ahora, al recordarlo.

Ambos hablaron de tristeza, desesperación, vergüenza. Y tanto Pedro como Marina pudieron ver que había algo importante en común: estaban sufriendo en ese mismo instante por lo mismo y juntos. Más tarde comprenderían que ese punto de darse cuenta del mutuo sufrimiento fue el principio para el cambio.

El ambiente en la consulta era lúgubre en ese momento, la pareja se encontraba completamente descorazonada, pero Cristina les explicó que era normal sentirse así al ver que su relación estaba dañada y no tener claro qué podían hacer para solucionarlo. Y añadió:

—Sin embargo, en realidad sí que estáis haciendo algo, algo útil: estáis aquí, en consulta, y eso tiene mucho valor. Como me habéis dicho, ha sido voluntad de ambos venir. Así que habéis empezado a cuidar vuestra relación y, por tanto, a vosotros mismos. Sin duda, ese cuidado existía antes de que todos estos problemas comenzaran y es lo que recuperaremos aquí. Si os parece bien, voy a explicaros cómo serán las siguientes sesiones y la manera en que vamos a trabajar.

Ambos sentían curiosidad y algo de preocupación. Nunca habían ido a terapia de pareja, pero gracias a Cristina estaban a punto de despejar sus dudas.

—En esta primera sesión me gustaría seguir preguntándoos sobre vuestro problema, pero también quiero que me habléis de cómo os conocisteis y cómo ha ido vuestra relación hasta ahora. Antes de terminar, os daré unos cuestionarios que me gustaría que cada uno rellenase de forma individual, ya que la semana que viene me entrevistaré con cada uno por separado para continuar con esta primera fase de evaluación. Esto es necesario, porque así podremos avanzar mucho más rápido y de manera eficaz en mejorar vuestra relación.

Aunque estaban algo impacientes, les pareció la mejor de las ideas. Cristina no los conocía, e invertir tiempo en ello era una señal de que estaban delante de una profesional que no quería actuar a la ligera. Se sintieron en buenas manos.

—... la semana siguiente, y una vez me haya entrevistado por separado con ambos, nos reuniremos de nuevo los tres y os daré mi propia valoración de vuestra situación y una propuesta de tratamiento. Así, podréis decidir a partir de algo sólido, y empezar, si queréis, con el tratamiento propiamente dicho, que consistirá en sesiones conjuntas, semanales al principio pero que luego se irán espaciando en el tiempo, conforme avancemos.

Cristina acompañó la explicación con un esquema en un folio que iba realizando sobre la marcha (Figura 1).

Fig. 1. Esquema del transcurso de la Terapia Integral de Pareja

—Por supuesto, después de que tengamos la sesión en que os daré mi valoración de vuestros problemas, y en

todo momento, en realidad, podéis juzgar con total libertad y tranquilidad si queréis seguir trabajando conmigo o no. En algunos casos, contar con una apreciación profesional del problema ya es una ayuda para el futuro de ambos, así que en cualquier caso estáis aprovechando el tiempo desde el primer momento. Por favor, si tenéis alguna duda no os quedéis con las ganas y preguntadme. Es muy importante que entendáis estos detalles del tratamiento y que estéis de acuerdo con ellos.

—¿Cuánto dura cada una de las sesiones?, ¿unas son más largas que otras?

—Gracias por la pregunta, Marina. No suelen variar mucho, aunque es verdad que al principio más bien rondan la hora u hora y algo, y después se hacen un poco más breves, llegando a estar entre tres cuartos de hora y una hora.

—¿Y todo el tratamiento cuánto nos va a llevar? si decidimos seguir... La verdad es que yo, bueno, no estamos tampoco en una situación económica muy boyante. Ahora mismo yo estoy buscando trabajo.

—Vale Pedro. No te preocupes. Es también una pregunta que me hacen muy habitualmente, aunque no voy a poder darte una contestación tan precisa como en el caso anterior. La duración del tratamiento depende mucho del proceso, de vosotros, del tiempo que llevéis con problemas. Pero sí tengo que deciros que, si nos vemos una vez por semana al inicio y luego cada quince días, que es lo más habitual, nos llevará varios meses, casi con toda probabilidad. Pero os aseguro que no prolongaremos esto si no hay claros cambios positivos, si no me decís que, de alguna manera, os está sirviendo, que os aporta algo útil y valioso. Soy consciente de que supone un esfuerzo económico y eso es algo muy serio para mí.

Podemos continuar ahora explorando lo que me habéis dicho, ya que me gustaría comprenderos bien. ¿En qué otros momentos surge el problema? ¿Podéis ponerme algún ejemplo cotidiano y repetitivo?

—Pues... —siguió Marina— algo típico es cuando yo llego a casa muerta de cansancio, voy al cuarto, me pongo cómoda y, al rato, cuando trato de tener una palabra amable con él, recibo un bufido o una mala cara por no haberle hecho una fiesta nada más entrar, ¿sabes?

—Yo siempre estoy deseando que llegues, pero si lo primero que haces es pasar de mí e ir a tu bola, pues... ¿qué quieres?, ¿que la fiesta te la haga yo a ti por dignarte dirigirme la palabra?

—Entonces, cuando llega el final del día y os encontráis, suele ocurrir que discutís; y generalmente cada uno está descontento con lo que el otro hace —tomó perspectiva Cristina— ¿Hay algunos momentos o asuntos por los que discutáis especialmente o que os enfrenten más?

Alternativamente, cada uno fue contando las discusiones que tenían cada vez que debían decidir sobre algo, por pequeño que fuera. Marina afirmaba tener miedo de proponerle a Pedro cualquier cosa porque no quería que él dijera que no le apetecía, y Pedro decía estar cansado de que Marina nunca le tuviera en cuenta y siempre sugiriera planes sin pararse a preguntar antes.

—¿Hay algunos momentos en los que ocurra lo contrario? Es decir, momentos en los que os entendáis y tengáis posturas algo más cercanas.

—Pues... no recuerdo ninguno últimamente, la verdad —contestó Pedro— ¡Es que parece que últimamente estamos cada vez más en contra el uno del otro!

—No es que lo parezca, Pedro... es que lo es... —sentenció Marina.

—Me gustaría saber más de eso, de momentos en los que ese cuidado mutuo estuviera presente. ¿Qué os parece si me contáis cómo os conocisteis?

Ambos hablaron, ella con algunas lágrimas, de los primeros días de la relación, de la ilusión y del miedo a meter la pata, de las dudas, de cómo dieron los primeros pasos... se dieron cuenta, también los dos, de que lo echaban muchísimo de menos.

Pedro y Marina se conocieron una noche en Ibiza, en una reunión de amigos comunes...

—Ella me dijo que creía en el destino y que podía decirme el mío utilizando una baraja de cartas... —recordó Pedro mientras se le escapaba una sonrisa cómplice— y yo entré al juego.

Cristina pudo ver como Marina participaba de ese recuerdo, con algo de vergüenza y sin duda sorprendiéndose de que él aún se acordase de aquello.

Destino mediante o no, parecía claro para ambos que eso no iba a quedar ahí: él no se fijaba solo en lo que las cartas 'decían', y ella dejaba traslucir mucho más de lo que pudieran revelarle sus prácticas arcanas.

En ese momento de la consulta, ante la pregunta de Cristina, lo recordaron: la excitación del momento, al percibir el interés del otro y la máxima atención puesta en cada una de las palabras. Los recuerdos fueron hablando por ellos; en aquel entonces él la miraba encandilado, buscando su sonrisa a cada instante, y ella disfrutaba de sentirse única. Estaba decidido: ambos pensaban que querían más, no deseaban que ese momento acabase y ya fantaseaban con hacer planes para los siguientes días.

—Marina, ¿qué fue lo que te gustó de Pedro entonces?

—Pues... yo había conocido antes a chicos que... bueno, simplemente no tenían las cosas claras, no eran muy maduros realmente, y estaba en la fase de estar cansada de eso; así que cuando conocí a Pedro vi que hablaba de una manera diferente y se relacionaba con los demás también de forma diferente... vi a un hombre, no a un crío, y eso me gustó muchísimo.

—¡Qué bien! Realmente eso es algo que apreciaste. Y tú Pedro, ¿qué me puedes contar tú?, ¿qué te gustó de Marina?

—Me gustó que era una chica inteligente y, sobre todo, muy discreta; me encantó y era —bueno, es— el tipo de chica que podría parecer más alocada, pero que no actuaba a la ligera. Vi que, aunque yo parecía interesarle, ella no se dejó llevar rápidamente, y esa actitud calmada y a la vez tan sugerente realmente me gustó y me gusta de ella.

Mientras contaba esto, Marina enrojeció visiblemente y un pensamiento cruzó su mente... ¿realmente él la veía todavía así en algún momento?

—Me gusta mucho lo que ambos habéis dicho, quizás no os lo esperabais el uno del otro. No lo sé, pero si os parece, desearía que me contaseis momentos en los cuáles recordéis haber estado unidos frente a algún problema.

Pedro y Marina sabían que hubo un tiempo en que formaban equipo, un equipo realmente bueno. Si sus vidas les planteaban dificultades, hacían piña, estaban unidos y lo sabían.

—Cuando falleció su tío —comentó Pedro— ella lo pasó realmente mal y yo me sentí muy afortunado de poder estar a su lado en un momento tan doloroso.

—¿Cómo fue eso para ti, Marina?, ¿cómo te sentiste al recibir ese apoyo de Pedro?

—Literalmente fue un apoyo... sentía que él estaba ahí, que podía contar con él y que se volcaba en lo que me hiciera falta —dijo, mientras su mente le recordaba cuánto echaba de menos recibir ese cuidado.

—Pedro, ¿tú has recibido algo así por parte de Marina en algún momento?

—Sí... me estoy acordando de cuando quise comprar unas piezas electrónicas bastante caras por internet. Las encontré muchísimo más baratas en una web, aunque pedían ingresar una señal un poco alta y, tonto de mí, me fie, y claro, era una estafa, ni vi las piezas ni recuperé el dinero. Me sentí más que tonto, y me afectó de verdad... pero Marina me ayudó en serio a no centrarme tanto en eso, me hizo ver que en el fondo no era mi culpa... —de alguna manera, Pedro se preguntó cómo era posible que ahora su compañera le pareciera una persona a la que ya no importaba nada.

—Me alegra ver cómo habéis hablado ahora mismo de vuestra relación; está claro que ambos queréis recuperar eso y que estáis hartos de lo que vivís ahora. Entiendo que echéis mucho de menos esos momentos. El trabajo que hagamos aquí tiene que ver con recobrar las cosas buenas que tiene vuestra unión. Pero tengo que deciros que, si bien la terapia es una buena manera de mejorar, también será un proceso laborioso y en el que ambos vais a tener que poner de vuestra parte, y por eso quiero preguntaros ahora si realmente estáis dispuestos a afrontar las dificultades que nos encontremos por el camino.

Cristina ya sabía la respuesta: ambos respondieron que estaban en terapia para eso y que sabían que seguramente no sería fácil.

—A ver... realmente creo que ambos sabemos —dijo Pedro mirando a Marina— que... bueno, podemos poner de nuestra parte en esto. Creo que nos hemos acostumbrado a hacer las cosas de una manera, pero ahora tendremos que aprender a deshacer este embrollo. Yo lo veo así...

—Sí... yo creo que tú podrás indicarnos cosas que a lo mejor nosotros no vemos. Y si nos cuesta... pero, en fin, si esto hace que estemos mejor, pues claro que lo intentaremos —terminó Marina mirando a Pedro con ojos tristes.

—Vale, me gusta cómo lo veis ambos: podremos trabajar bien. Ahora, os pido que penséis durante unos segundos y que me digáis ¿qué tendría que pasar, de aquí a un tiempo, para que vosotros estuvierais seguros de estar avanzando? Id a ese futuro en el cual vais a empezar a trabajar —ambos se miraron y pensaron unos segundos—. ¿Qué estaríais viendo de vosotros?, ¿qué vería yo si os observara?

—Me gustaría ver, sobre todo, que no discutimos tanto; que el tiempo que tenemos para pasar juntos no se malgaste en ataques, reproches y malas caras el uno con el otro —comentó Marina.

—Sí, totalmente... además... a mí me gustaría ver... no sé, antes realmente éramos más tolerantes... pero el uno con el otro. Tanto ella conmigo si no hacía alguna cosa que había dicho que haría, como yo con ella si tenía que pasar más tiempo del esperado en el trabajo. No sé cómo hemos perdido esa tolerancia, pero si estuviéramos mejor sin duda es porque la habríamos recuperado —añadió Pedro.

—Así que, si no existiera este problema, discutiríais menos, seríais más tolerantes y disfrutaríais más el tiempo en común, ¿verdad?

Ambos asintieron casi al unísono.

Cristina vio que ya disponía de suficientes datos para una sesión inicial y que ellos habían podido expresar lo que sentían, además de recordar el motivo por el cual estaban luchando por su relación.

En la última parte de este primer encuentro y antes de despedirse, Cristina les entregó dos copias del mismo cuestionario, que metió en sus respectivos sobres; cada uno debería rellenarlo por separado y traerlo completo a la siguiente sesión. Les explicó que ese cuestionario trataba sobre su propia actitud en la pareja y sobre las cosas que querían conseguir. Era importante que lo hicieran de forma individual, sin preocuparse de lo que ponía el otro. En un par de semanas podrían comentar sus respuestas.

Pedro y Marina se despidieron de Cristina tras concertar las siguientes citas individuales. Ambos cruzaron el portal hacia la salida tal y como lo habían atravesado para entrar, pero algo había cambiado: empezaban a caminar juntos, con miedo, pero juntos, quizás hacia la solución de su problema.

Ya a solas en su despacho, Cristina sabía que en Pedro y Marina se había instalado mucho malestar, y que deseaban profundamente estar bien juntos. También sabía que no era demasiado tarde, ya que habían decidido acudir a terapia cuando la relación no estaba en un punto de no retorno. Eran personas jóvenes y la impresión es que el caso no era de los enquistados. Los datos obtenidos le brindaban ya valiosas pistas para comprender la naturaleza de sus discusiones y podría ponerla al servicio de la pareja para ayudarles a reconducir su situación.

***

La primera consulta que se lleva a cabo en la Terapia Integral de Pareja (TIP) no se diferencia mucho de las que se realizan en otros enfoques terapéuticos, en particular desde el modelo cognitivo-conductual. Sin embargo, en ella se introduce ya un interés por determinados temas que servirán de material para la intervención. En esta sesión, la terapeuta recoge datos sobre procesos de pareja que le permitirán formular un modelo explicativo potente pero fácilmente comprensible.

Junto con la inexcusable cualificación legal para el ejercicio de su profesión que debe poseer el psicólogo (a partir de sus estudios de Licenciatura o Grado y el Posgrado especializado para la atención clínico-sanitaria y la colegiación), el profesional que quiera dedicarse a la atención de parejas desde el enfoque de la TIP debe dominar los principios de aprendizaje y su adecuada puesta en práctica (reforzamiento, castigo, extinción, habituación, etc.), así como debe tener conocimientos de psicopatología, lo que le permitirá identificar ciertas condiciones que pueden implicar colaboración interprofesional. La TIP no justifica los problemas de pareja por la presencia de determinados trastornos que padezcan uno o los dos miembros; por el contrario, tiende a evitar las explicaciones de esta naturaleza para dar cuenta de los problemas maritales. No obstante, es evidente que una situación de dependencia alcohólica o de otras drogas, de intensos cuadros ansiosos, obsesivos o depresivos, o problemas de adicción al juego o al sexo, y más aún, lógicamente, un brote psicótico juegan un papel tan determinante que hacen inviable una terapia de pareja tal y como aquí se expone. Todas estas situaciones deben ser rápidamente identificadas por el terapeuta, que modificará su actuación conforme a ellas, fundamentalmente por la derivación al tratamiento individual.

Por otro lado, los saberes más generales de tratamiento psicológico deben complementarse con una formación específica en terapia de pareja a través de másteres, cursos, talleres, seminarios y el manejo de una bibliografía relevante sobre el tema. Para poner en práctica con seguridad un tratamiento como el de la TIP hace falta tanto el estudio de sus textos (manuales de tratamiento), como la realización de cursos o talleres específicos sobre el modelo, o, en su defecto, seguir una conveniente supervisión por parte de terapeutas que se hayan especializado en ella.

La sesión inicial que se acaba de ilustrar con el caso de Marina y Pedro ha servido para mostrar algunos de los elementos que contiene el enfoque. Fundamentalmente, se resumen en estos puntos[25]:

1. Como lo más habitual en una terapia de pareja es que los dos miembros acudan juntos a la primera entrevista, es posible observar desde el principio ejemplos de la interacción inicial entre ambos y poder recabar así información sobre el contenido de las discusiones y las tensiones actuales de la relación. De este modo, resulta factible corroborar si la TIP es un modelo de trabajo adecuado para la pareja y empezar a obtener datos que permitan elaborar el análisis funcional. En el caso aquí planteado, la terapeuta pregunta en varias ocasiones sobre sus discusiones, bien directamente (*"¿qué pasó?"*, *"¿por qué esta vez fue el colmo?"*), bien de forma sugerida (*"si pudiera veros en una de esas situaciones ¿qué vería?"*). Y permite que

---

[25] Adaptado de Barraca (2016) y de Jacobson & Christensen (1998).

la pareja discuta, sin interrumpirles, para observar las dinámicas comunicativas y las posturas que se adoptan en esos instantes.

2. Es también conveniente que, en algún momento de la consulta, se informe sobre el proceso de evaluación y la terapia en sí, de forma que la pareja pueda tener una idea de cómo transcurrirán las sesiones durante las siguientes semanas. Igualmente, se pueden detallar aspectos como la confidencialidad, los honorarios, la competencia o experiencia del terapeuta, etc. que están asociados al consentimiento informado. En la sesión de Marina y Pedro, Cristina, la psicóloga, enmarca su actividad en dos momentos, justo al inicio, cuando explica sus honorarios, alude a la confidencialidad del trabajo o recoge datos sobre ambos, y en un segundo momento cuando antes de facilitarles los cuestionarios les comenta —y dibuja en un folio simultáneamente— cómo se sucederán las sesiones siguientes de evaluación, de devolución y, posteriormente, las de tratamiento propiamente dicho.

3. En cuanto al respeto de la ambivalencia de la pareja y de su libertad de decisión sobre el tratamiento, es útil hacer saber que, justo en un inicio, el ponerse en contacto con temas duros para ambos puede provocar mucho dolor. Por eso resulta tan importante aclarar que el propósito de las primeras entrevistas no es tanto lograr una mejoría sino recabar datos para averiguar qué necesitan. Esto puede tranquilizar, en especial si tras los primeros

encuentros quedan afectados y descubren aspectos dolorosos de su pareja y su relación. Como se les explica que, tras estas primeras entrevistas, la terapeuta les dará *feedback* de su situación y sus problemas y, con esa información en la mano, podrán decidir si seguir o no las consultas, se favorece un clima de colaboración inicial, se minimiza la presión por conseguir mejorías y bienestar inmediatamente, y se recalca la libertad de continuar o no que gozará siempre la pareja. La terapeuta en este capítulo describe el proceso —como se ha dicho— pero también señala las dificultades inherentes a este. Y no deja de mencionar la necesidad de un compromiso, porque el malestar que surgirá provocará sentimientos de fracaso y desaliento, ideas sobre la inutilidad del esfuerzo, que bien pueden empujar a la pareja a abandonar el tratamiento en sus preliminares.

4. No obstante lo anterior, la primera entrevista puede suponer algún alivio para la pareja, pues tras ella probablemente verán que quedan todavía vías para recomponer la situación, así que puede servir para empezar a encontrarse algo más animados. Cristina, poco después de hablar del proceso que seguirá la terapia, pregunta por los puntos fuertes de la pareja o los motivos por los que se sintieron mutuamente atraídos. El hecho de que se hable de esos inicios (y no solo de los problemas actuales) conecta a la pareja con instantes de unión mutua, de complicidad, con sentimientos positivos. Dado que muy posiblemente los problemas actuales hayan hecho olvidar

todo lo bueno que tenía la relación, es importante recordar que eso también estaba allí; de ese modo puede reanudarse la ilusión y hacerles entrever que, superadas las dificultades presentes, podrán restablecer una vida en común de nuevo gratificante. Así que, al tiempo que se recaban datos fundamentales para la evaluación, el clima de la relación puede tornarse más positivo. Por supuesto, es posible que esto no suceda y que el recuerdo de momentos felices del pasado cause igualmente malestar o se emplee como arma arrojadiza entre ambos. Esta situación debe entenderse como una muestra del intenso dolor que despierta en la pareja la rememoración de los periodos dichosos y, en esos casos, hay que procurar cortarla. Una manera —que adelanta alguna de las técnicas a las que luego se recurrirá— consiste en que el terapeuta no deja de validar ese dolor de forma no acusatoria.

5. En la TIP se emplea tiempo para que la pareja relate dónde y cómo se conocieron y, también, cómo llegaron a tener una relación con compromiso. Aunque casi siempre este recuerdo es reforzante, si no es así, si su historia fue tormentosa desde el comienzo, entonces al menos el terapeuta contará con una información importante relativa a las dificultades de la pareja desde su mismo inicio. En el caso de Marina y Pedro, este recuerdo les resulta sencillo y tiene componentes positivos (Marina se sorprende de que Pedro evoque tan nítidamente momentos gratos para ella), aunque también cuenta con su contrapartida: cuando dudan de si su pareja seguirá sintiendo realmente

esas mismas cosas ahora que han sufrido unos desencuentros tan acusados.

6. Saber cómo funcionaba la relación antes de que empezaran los problemas es otro dato relevante que debe recabarse. Comprobar todo esto favorecerá la posterior orientación del tratamiento, especialmente para la propuesta de las estrategias de aceptación. Saber por qué se sentían atraídos el uno hacia el otro permitirá reconectar con emociones útiles para sostener el compromiso en los instantes de desencuentro que, sin duda, se van a seguir produciendo. Cristina, al preguntarles sobre cómo se apoyaron en momentos difíciles, les redescubre de qué forma podían ayudarse el uno en el otro: el consuelo ante situaciones de dolor (muerte de un familiar de Marina) o ante sentimientos de frustración (estafa por internet de la que es objeto Pedro). El equipo que podrían volver a crear —o que quizás siguen aún manteniendo ante situaciones particularmente complicadas o en ciertos campos— se recuperará con estrategias como las de la separación unificada.

7. La mayoría de las parejas no están mal todos los días y algunas ni siquiera durante todo el día. Por eso, saber cómo es ahora de diferente la relación respecto a la de la antes, o en los días en que se llevan bien, da pistas igualmente para proponer intervenciones beneficiosas. De nuevo, contactar con el apoyo mutuo que en momentos del pasado sintieron puede fortalecer una ilusión —y que, en un momento dado, justo al final de la sesión, la sienten

de hecho Marina y Pedro—, lo cual es una buena manera de finalizar este primer encuentro.

8. Por último, saber cómo sería la relación si no existieran los problemas del momento actual y cómo querrían funcionar como pareja para volver a sentirse bien juntos es un planteamiento provechoso para la terapia. Tanto Pedro como Cristina son capaces de decir qué desean, y Cristina de formularlo de una manera práctica (*"si no existiera este problema, discutiríais menos, seríais más tolerantes, y disfrutaríais más el tiempo que pasaseis juntos"*). Esta intervención, que mira a un posible futuro esperanzador, orienta a la pareja hacia versiones positivas de ellos y de su relación si determinados aspectos se modifican, lo que preparará el terreno para las siguientes sesiones individuales.

Todos estos puntos resultan muy recomendables, pero no se trata de un mero guion o de un protocolo rígido y no significa que no puedan abordarse otras cuestiones y temáticas que aparezcan durante la sesión. En realidad, mientras se reúnan datos que puedan aprovecharse para la formulación (ejemplos de los temas, procesos de polarización, trampas mutuas, coerción, etc.) la entrevista estará cumpliendo sus objetivos.

Con cierta frecuencia en este primer encuentro uno o los dos cónyuges aprovechan para hablar del tema desde su propio punto de vista y cuentan, quizás por primera vez delante del otro miembro, los fallos o problemas que ven en su pareja y a los que achacan el mal clima. Es esta una situación delicada por la intensidad emocional que puede provocar. En el caso presentado, en cuanto Marina empieza a explicarse se pregunta qué estará pensando Pedro de lo que ella dice. Pero, aunque las revelaciones sean comprometidas, es bueno que se den si alguien de la pareja siente la necesidad de expresarlas por fin, de comentarlas con el detalle y con la extensión que necesite, si cree que, así, finalmente podrá ofrecer su visión del problema y piensa que el otro miembro contará con unos detalles que hasta entonces temía darle. Cuando la consulta se percibe como un marco seguro para expresarse, entonces el trabajo del profesional para crear un clima de confianza ha sido productivo y la terapia podrá desarrollarse convenientemente. Además, el terapeuta, atento a lo delicado de este momento, podrá reconducir emociones intensas o dolorosas para salvaguarda de uno o los dos miembros de la pareja.

Como en el caso que se acaba de presentar, al finalizar la primera sesión conjunta el terapeuta procurará un cierre positivo, en especial si ha habido reproches duros y se han despertado sentimientos dolorosos. Si comprueba que por la disposición de la pareja es factible, como en el caso de Pedro y Marina, propondrá completar alguno de los instrumentos que les facilitará en sobres individuales y les indicará que los rellenen por separado, sin comentar aún sus resultados entre ellos. Estos cuestionarios, que luego serán analizados en la sesión de devolución, pueden complementar la evaluación por medio de la entrevista y proporcionar pistas muy importantes para orientar el tratamiento.

Por último, el terapeuta convocará para las siguientes dos sesiones a cada uno de forma individual. Lo ideal es que estas sesiones no estén muy distanciadas entre sí, ni de la que acaban de tener. Por tanto, si pueden por sus horarios, todas deberían sucederse en una o pocas semanas. No existe un protocolo respecto a cuál de los dos miembros debe venir primero: depende de sus posibilidades de agenda y de sus deseos.

Respecto a los cuestionarios que emplear, existen varios que pueden ofrecer datos relevantes para el desarrollo de la TIP. Entre estos, son especialmente útiles aquellos que dan una idea del compromiso y el ajuste de la pareja, como el DAS, el MSI y el CTS[26]. Existen adaptaciones con muestras españolas del DAS[27], pero no así con los otros tests citados; no obstante, puede recomendarse también el empleo de instrumentos creados y baremados en España, como ASPA[28], que ofrece una medida (propia y de la pareja) del tipo de comunicación predominante a la hora de afrontar las situaciones en que se producen desacuerdos. Igualmente, si se desea contar con una medida de cómo se siente cada uno de los miembros de la

---

[26] DAS: Dyadic Adjustment Scale (Spanier, 1976), MSI: Marital Status Inventory (Weiss & Cerreto, 1980), CTS: Conflict Tactics Scale (Straus, 1979), este último está especialmente recomendado para detectar si existe violencia doméstica.

[27] Cano-Prous et al. (2014); Cuenca, Graña, Peña, & Andreu (2013); Santos-Iglesias, Vallejo-Medina, & Sierra (2009).

[28] ASPA: Cuestionario de Aserción en la Pareja. Carrasco (1998).

pareja cuando está en casa, con el resto de la familia, se puede emplear la ESFA[29].

Desde el equipo de Christensen y Jacobson se han elaborado o adaptado algunos otros instrumentos especialmente pertinentes cuando se aplica la TIP[30]. Y, además, hay actualmente dos cuestionarios en España que están en proceso de desarrollo y que los próximos años completarán eficazmente el proceso evaluativo de la TIP: el ACQ y el IBCTQ[31].

---

[29] ESFA: Escala de Satisfacción Familiar por Adjetivos. Barraca (1997/ 2017).

[30] Estas escalas son las siguientes: el "Cuestionario de Pareja" (Christensen, 2009), el "Cuestionario de áreas problemáticas" (Heavey, Christensen, & Malamuth, 1995), el "Inventario de Frecuencia y Aceptabilidad de la Conducta de la Pareja – FACP" (FAPBI: Frequency and Acceptability of Partner Behavior Inventory) (Christensen & Jacobson, 1997; Doss & Christensen, 2006), y el "Cuestionario semanal" (Christensen, 2010). Estas escalas están ya traducidas al español (Barraca, 2015a) y se pueden obtener gratuitamente.

[31] ACQ: Areas of Change Questionnarie (Laspra-Solís, en preparación); IBCTQ: Integrative Behavioral Couple Therapy Questionnaire (Barraca, Lozano-Bleda, & Nieto, en preparación).

2. SESIONES INDIVIDUALES CON CADA MIEMBRO DE LA PAREJA

Sesión con Marina (sesión 2)

Tras la bienvenida, Cristina le preguntó por la sesión anterior.

—¿Qué tal os fue al salir de consulta la semana pasada?, ¿compartisteis vuestras impresiones?

—Hablamos un poco sobre ello al llegar a casa, aunque estábamos muy cansados, y bueno... Pedro me dijo que no me había visto tan mal desde hacía tiempo, yo no me lo esperaba, la verdad.

—¿Hablasteis sobre ello?

—Sí, le sorprendió verme así de vulnerable... me dijo que no sabía que yo realmente lo estuviera pasando tan mal.

—¿Cómo te hizo sentir eso?

—Fue raro... por un lado bien, porque vi esperanza... pero por otro... pensé que era muy triste que no se hubiera dado cuenta antes, que no se fijara en cómo podía estar yo... que es penoso que tenga que ocurrir algo grave y estar al límite para que él se pare y diga: "¡Vaya!, igual Marina no está bien", ¿sabes?

—Ya, es normal que en este tipo de situaciones una sienta algo ambivalente. En las sesiones que tengamos saldrán temas difíciles y ocurrirán cosas que nos hagan pensar y nos lleven a reflexionar días después; eso es parte del trabajo.

También hablaron de cómo ella misma se sintió más calmada, de alguna manera, en los días siguientes a la sesión. Saber que empezaban a trabajar guiados por una profesional hacía que la tensión fuera menor, y también lo notó en Pedro.

—Me gustaría aprovechar para preguntarte a ti si hay algo que no entendieras, algo que no te sonase bien del todo...

—Creo que no..., la verdad es que nos lo explicaste todo muy bien... ¡Bueno, sí! Ahora que lo pienso, recuerdo que me quedé con ganas de preguntarte que qué puedo hacer para empezar a mejorar la situación cuando Pedro y yo discutamos; me gustaría saber si hay alguna estrategia o algo... que pueda hacer.

—Me alegra que me preguntes eso, es algo muy habitual. De momento, lo mejor que puedes hacer ya lo estás haciendo: el hecho de sacar tiempo para venir aquí y estar dispuesta a hablar de temas complicados; eso sin duda es algo muy, muy útil. Me gustaría decirte que hay cosas que puedes hacer ya para mejorar vuestra situación, pero eso sería irresponsable por mi parte. Más adelante iremos hablando entre los tres de estrategias que podéis llevar a cabo, cuando tengamos más claro el origen del problema. ¿Te parece bien?

—Sí, no lo había visto así, pero es verdad, tienes razón en eso, supongo que me impaciento y quiero una solución rápida y fácil a esto —reconoció Marina.

Después, le explicó cómo iban a transcurrir los siguientes minutos:

—En esta sesión creo que es bueno conocer tu punto de vista sobre el problema. Ante todo, quiero asegurarte que si algo de lo que comentemos tú y yo prefieres que no lo sepa Pedro, dímelo sin ningún problema, y, por supuesto, así será. Sin tu consentimiento no puedo transmitirle a él lo que tú quieras que se quede aquí conmigo en exclusividad. Este espacio tiene que ser para ti un entorno de total seguridad y confianza. Es normal que en la sesión anterior con él delante te diera reparo contarme algunas cosas que hayas podido sentir o pensar, que te resulten raras o que pudieran parecer irrespetuosas hacia él.

Marina le contó que esto no se lo había dicho a él, pero que en muchas ocasiones había visto cómo José, un compañero de la oficina, era encantador con su pareja, y había llegado a pensar que quizás estuviera empezando a gustarle.

—...pero realmente vi que no, no me gustaba él: lo que me gustaba era la manera en que trataba a su pareja... y quería recibir eso de Pedro, ahora lo tengo claro.

—Cuando nos falta algo que queremos, solemos dirigir la mirada hacia nuestro alrededor y fijarnos en parejas felices, en personas que nos parecen estupendas; es normal —reflexionó Cristina, tras lo cual se centró en conocer la visión de Marina sobre el problema—. Me gustaría conocer cuál es para ti el problema, es decir, qué ocurre en vuestro día a día que para ti supone un verdadero problema.

Sin responder inmediatamente, tomándose algunos segundos, Marina se expresó tal y como lo sentía:

—Pues mira... la verdad es que creo que hemos entrado en un cúmulo de reproches mutuos. De alguna manera, la cosa se ha ido enfriando y ahora nos cuesta mucho ponernos en el lugar del otro. Pero realmente yo lo hago, ¿sabes? Le comprendo, sé que él puede estar muy desesperado, ¡pero eso no significa que yo tenga sacrificar toda mi vida! No puedo más, ¿no se da cuenta? Yo no soy perfecta y tampoco le pido a él que lo sea, ya sé que paso muchas horas en el trabajo... ¡Ojalá comprendiera lo que significa para mí! y ¡ojalá supiera la ilusión que tengo por llegar a casa todos los días y los fines de semana para poder hacer algo juntos! Echo en falta su apoyo, mucho.

—Entiendo, realmente echas mucho en falta su ayuda, su compañía. ¿Cómo te sientes ahora mismo aquí, conmigo, mientras dices esto?

Las lágrimas no tardaron en brotar de los ojos de Marina:

—...Mal, fatal... es que... realmente le quiero, él lo sabe. Pero si esto sigue así yo no podré aguantar más... ¡y me dará mucha pena, una pena horrible!

—¿Sentiste esto mismo en la sesión de la semana pasada, mientras os atendía a los dos?

—Sí... aunque es raro, porque, aunque me sentía triste, él estaba a mi lado, aquí, y eso me gustó, me gustó saber que él estaba conmigo.

Cristina pudo comprender el malestar que estaba experimentando Marina, incluso contactó con algunos momentos de su propia vida semejantes en algún aspecto, y gracias a ello salieron las siguientes palabras y gestos:

—Lamento que te sientas así... —dijo mientras le acercaba un pañuelo y se lo ponía con delicadez en la mano. Cuando las personas estamos en esas situaciones podemos llegar a sentirnos fatal; eso no significa que lo estemos haciendo mal o que sea nuestra culpa, ¿sabes? Significa que queremos un cambio y no sabemos bien cómo llevarlo a cabo. Te agradezco que te abras de esta manera ante mí, tu implicación aquí conmigo es muy buena. ¿Quieres seguir contándome?

Marina le contó que el auténtico problema era que no sabían qué hacer cuando entraban en esa vorágine, ella buscando su cariño y apoyo, y él exigiendo su atención.

—Muchas veces, en las disputas, cada parte implicada se ve de una determinada manera: a veces nos damos cuenta de que estamos metiendo la pata, y otras veces sentimos que estamos siendo tratados de manera injusta. ¿Cómo te ves a ti misma en este problema con Pedro?, ¿cuál es tu papel?

—Veo que Pedro solo parece mirarse a sí mismo, a sus intereses, a lo que él quiere... y parece haberse olvidado de que yo también tengo deseos y necesidades. Me veo... ¡me veo abandonada! —sus ojos volvieron a ponerse vidriosos— y ojalá no fuera así, de verdad, pero es que no puedo evitar sentirme muy abandonada por él.

Con amabilidad y en un tono de seguridad y comprensión, Cristina siguió animando a Marina a que hablara de cómo percibía a Pedro. Según ella, él era quien iniciaba casi siempre las discusiones, y ella intentaba siempre no entrar al trapo, callarse y finalizar cuanto antes para que no se alargase la batalla, pero le parecía que eso no estaba dando el resultado que ella deseaba.

—Es bueno conocer el problema. ¿Cómo te afecta realmente? Y no me refiero solamente a vuestra relación, sino a tu día a día.

—Me afecta en todo... no me concentro igual en el trabajo, apenas me apetece salir con mis amigas, aunque salgo, claro... pero es como si no estuviera allí, y ellas me lo comentan: "¿Estás bien?", "te notamos ausente" me dicen. En ocasiones me tiro horas hablando con él por el móvil aunque tenga cosas que hacer, y sé que soy yo quien elige coger el móvil y contestar... pero claro, dejo de lado informes y otras cosas, incluso a veces me llevo algún libro para leer mientras descanso... y al final siempre lo dejo a un lado. Tampoco duermo muy bien últimamente, como si no descansase.

—Está claro que esto tiene un gran impacto en tu vida. Cuando estamos pasando por algo así muchas veces no damos una, pero ya verás cómo puedes ir recuperando tu capacidad de resolución. Pero que ahora mismo me lo comentes aquí nos ayudará mucho, más adelante, aunque ahora no esté siendo fácil de contar. ¿Habéis tenido Pedro y tú dificultades como estas en el pasado?

—Como esta realmente no, no tan grave. Pero sí que hemos pasado por algunos momentos complicados...

—Sería bueno conocerlo y ver qué hicisteis entonces; quizás nos ayude a ver qué podéis hacer en la situación de ahora. ¿Te parece si me cuentas cómo fue formándose vuestra relación y a qué cosas os habéis enfrentado?

Marina le explicó cómo empezaron a quedar, tímidamente al principio, y luego, cómo, poco a poco, iban acostumbrándose el uno al otro.

—Yo tenía miedo, me había acostumbrado a tener mi vida y estar sola, sin que nadie me diese cuentas de sus cosas, y yo lo mismo. Y... bueno, al principio me callaba algunas veces lo que realmente me apetecía.

—Vaya, ¿y cómo era eso?

—Poco a poco vi que él tomaba la iniciativa, y pude comprobar que quería justo lo mismo que yo: relacionarse más, e ir formando algo... sólido. Eso me animó a tomar yo también la iniciativa, a decirle que se quedase algún día en mi estudio, a aceptar sus invitaciones de quedarme en su piso.

—Se ve que él te gustaba bastante, y que te sentiste cómoda para dar esos pasos. Me gustaría preguntarte cómo ves eso ahora, es decir, qué cosas buenas de él, de entonces, siguen presentes en la actualidad.

—Bueno... es verdad que solo he hablado de cosas malas... o casi, pero no: es un buen hombre, sé que puedo confiar en él, eso sobre todo. No es un fiestero, le gusta hacer cosas estimulantes a mi modo de ver, más serias, lo que se agradece. ¡Al principio tenía una idea muy equivocada de él! Y no sé por qué, pero claro, con un piso para él solo y un trabajo con un sueldo muy bueno, ¡pensé que estaría cada día con una chica distinta! —Marina empezó a reírse de eso y Cristina participó de manera cómplice de ese momento.

—¿Ambos vivíais solos cuando os conocisteis? —se interesó Cristina.

—Sí, yo iba tirando a duras penas y solo me daba para alquilarme un estudio pequeño, su piso estaba mejor, la verdad.

—Parece que estabas acostumbrada a buscarte la vida por ti misma.

—Sí, algo así. Mi familia nunca ha tenido muchos recursos, por lo que en cuanto pude no suponerles un gasto me independicé y desde entonces he ido tirando como he podido.

—Me transmites mucha responsabilidad. ¿Era un valor que te inculcaron tus padres?

—Más bien mi madre, sí. Me crie en una familia numerosa, podríamos decir, somos tres hermanas en total, yo soy la mediana. Mi madre es una mujer sin estudios, pero no le hace ninguna falta: es trabajadora, y eso me lo transmitió desde pequeña. Admiro cómo ha podido tirar adelante con todo... con nosotras... con el dinero... y bueno, claro, con mi padre.

—Parece que hay una gran diferencia entre tu padre y tu madre...

—Son el día y la noche. No es que mi padre sea malo, pero si por él fuera, yo sería una vaga o alguien sin iniciativa. Al menos siempre hace lo que le dice mi madre... Así que si lo pienso podría ser todavía peor.

—¿Cómo viviste tú esas diferencias?

—Como pude. Había momentos en que lo pasamos mal, teniéndonos que cambiar de un piso a otro porque no podíamos pagar el alquiler; y ver cómo a mi padre parecía no importarle, dolía. Lo que más me afectó fue ver una vez a mi madre totalmente derrumbada.

Marina relató cómo llegó un día a casa, siendo adolescente, y se encontró a su madre llorando en el sofá, con un montón de facturas sobre la mesa, desordenadas. Sus palabras se le quedaron grabadas: "Marina, no acabes como yo, por favor".

—Fue la primera vez que vi a mi madre derrumbarse de esa manera. Estaba tan dolida... y entonces me di cuenta de que nunca querría depender de nadie, de que yo me pagaría mis propias facturas y las de nadie más, y que si tenía que compartir algo con alguien sería una persona que me demostrase responsabilidad y madurez... no como... —se quedó muda.

—No como tu padre... —terminó Cristina, con el asentimiento tímido de Marina—. ¿Qué hacía tu madre cuando tu padre no la apoyaba?

—No le pedía cuentas; pocas veces le vi intentar cambiarle, ella sabía que no servía de nada. Salvo porque vivían en la misma casa... nadie podría imaginar, por su trato, que estaban casados.

—Entiendo, viviste eso en primera persona. El entorno en el que nos criamos nos enseña cosas. En tu caso te transmitió la importancia de librarse de dependencias y de tener un elevado sentido de la responsabilidad, que se pone manifiesto en tu vida actual. Tu trabajo te importa mucho y sufres realmente cuando algo te intenta apartar de él, ¿verdad?

—Totalmente, ni yo lo podría haber dicho mejor.

—Me acuerdo de que Pedro estaba ahora mismo buscando trabajo, pero no hablamos del tuyo, Marina. Dime algo de él.

—Soy trabajadora social en un centro para la inserción laboral de personas en riesgo de exclusión. Paso el día trabajando con los usuarios de todo tipo, para que puedan adaptarse. Hay un poco de todo: personas que acaban de salir de prisión, gitanos, gente sin hogar... Y hay que trabajar mucho con ellos para ayudarles y que puedan hacer algo. Muchas veces es de verdad complicado, porque tienen muchas cosas en contra, a veces todo en contra, y también ellos se lo complican porque no han aprendido otra cosa, claro.

—Veo que te importa mucho, me hablas con ilusión de ello. ¿Cómo te va últimamente?

—Me cuesta, sinceramente. En muchas ocasiones, tienes que echar muchas más horas de las oficiales para entregar documentos necesarios, volcarte en trámites... o porque con los usuarios pues te implicas y ellos en un momento de necesidad cuentan contigo, te llaman y tienes que responder. Y a mí me gusta realmente, me llena mucho poder ayudar a los demás... es solo que últimamente veo que ni siquiera puedo llevar bien mi vida... Así que... ¿cómo voy a ayudarles a ellos?

—Es normal que lo pienses: cuando alguna área de nuestra vida está mal, las demás se ven afectadas; y tu relación con Pedro es muy importante para ti por lo que me transmites.

—Sí, y además a él creo que le cuesta entenderme en eso. Tal vez esto te suene mal, pero es tal y como lo pienso:

al no tener trabajo ahora mismo él no tiene ese peso. La presión que supone mi trabajo me lo vuelve todo una montaña. Siento si suena egoísta, pero es como lo veo.

—No es egoísta para nada, Marina —Cristina se apresuró a validar las palabras de Cristina para que no se sintiera culpable—. Es lógico que te sientas así, hay una diferencia entre vosotros en ese aspecto, y podéis aprender a ayudaros el uno al otro; claro que a ti te gustaría sentirte apoyada por él y comprendida en ese aspecto, y por supuesto tienes todo el derecho del mundo, no es egoísta.

Marina se sintió muy aliviada por la respuesta. Este refrendo a sus opiniones y sentimientos le confirmó la buena impresión que se había hecho de Cristina en la sesión anterior y lo acertado que había resultado contactar con ella para seguir una terapia de pareja, en vez de apostar por cualquier tipo de consejo de amigos o familiares.

En un instante evocó cómo habían llegado Pedro y ella allí: unas semanas antes había hablado con Laura, una compañera del trabajo con quién tenía confianza. Quedaron para tomar café y charlar de un usuario de los servicios sociales que estaban llevando juntas. Laura la notó mucho más desanimada de lo normal y le preguntó, lo que propició que Marina le contase toda la situación con Pedro, con mucho desasosiego y bastante cortada. "Le quiero, Laura, pero no sé qué está pasando. No nos entendemos, es una pelea detrás de otra, y yo ya no sé qué hacer". Laura enseguida la animó a que hablase con él de estas cosas, le dijo que eso funcionaba, que ella lo hacía con su pareja porque habían ido a terapia, y les ahorraba muchas discusiones. Tras un rato, Marina se sintió más tranquila al saber que podía desahogarse con su amiga, aunque con un punto de desesperanza: "¿Y si hago lo que ha dicho Laura y no funciona?"

Marina también habló con algún familiar; buscó más consejos, como los de Laura. Parecía que todo el mundo tenía opinión sobre cómo resolver sus problemas con Pedro: "Igual no le quieres, ¿te has planteado dejarle? El amor se acaba", "Ya verás cómo se soluciona todo, ¡es normal que las parejas discutan de vez en cuando!", "Lo que tenéis que hacer es pasar más tiempo juntos", "Lo que tenéis que hacer es pasar más tiempo separados", "Dile todo lo que piensas", "No le digas lo que piensas: dile solo lo que quiere oír", "No sé muy bien qué decirte... ¿habéis pensado en ir a terapia?" Fue esta última contestación, que tanto ella como Pedro oyeron de personas diferentes y de manera independiente, lo que les hizo decidirse. Además, Laura le había dicho que había ido a terapia con su pareja... ¿por qué no dar ellos también el paso? Se lo diría a Pedro.

Cristina la sacó de sus pensamientos al volver a preguntarle:

—¿Qué más cosas, en vuestra relación, crees que has aprendido de otras épocas y que ahora pueden afectar para bien o para mal a tu situación actual?

—Pues... no lo había pensado... pero ahora que lo dices, me veo un poco como mi madre. Pedro no es mi padre, claramente, pero sí que es cierto que cuando veo el poco apoyo que me ofrece, hay una parte de mí que me dice que no puedo permitirme eso, que él tiene que apoyarme tanto como yo le apoyo a él. Y es raro, porque también hay algo de rabia, como si él me hubiera engañado y hubiera aparentado ser algo que no es.

—Creo que es muy importante esto que estás diciendo ahora mismo, Marina. ¿Crees que tus experiencias en ese sentido están influyendo en la manera en que tratas a Pedro?

—No lo había visto así, pero es verdad que muchas veces le trato como si fuera mucho peor de lo que es, ahora que me doy cuenta...

Mientras seguían explorando la historia de Marina, se percataron de que muchas actitudes de ella estaban muy relacionadas con experiencias en otros niveles, y con maneras que ella había aprendido para enfrentarse a los problemas. De esta forma, las dos hablaron durante un rato de aquellas cosas que Marina hacía para afrontar el problema, y ambas estuvieron de acuerdo en algo: no estaban funcionando. No es que estuvieran mal es que simplemente no estaban sirviendo para sentir el apoyo de Pedro.

Completaron una breve lista de esos medios para buscar soluciones que Marina ponía en práctica y que parecía haber aprendido de la manera en que su madre trataba a su padre:

- Mostrarse fría y distante con él.
- No expresarle cómo se sentía realmente.
- Echarle en cara todo aquello en lo que estaba fallando.
- Anticipar comportamientos negativos de él y actuar como si ya los hubiera hecho.

—¿Sabes qué? —dijo Cristina— Creo que es normal que hagas todo esto, ¡yo he hecho cosas parecidas en mi relación! Y no valían para nada, pero es que además me agotaban.

—Ya... pero es que no sé qué otra cosa hacer, me encuentro desesperada.

—Estamos aquí para eso, Marina. Verás: las cosas que hacemos las hemos aprendido de una manera o de otra. Nuestra manera de hablar, de pensar, de reaccionar... tienen que ver con nuestras experiencias anteriores, con la manera en que hemos vivido, los sitios en los que hemos estado, las personas que nos han educado, etcétera. Esto no es nuestra culpa, pero si nos damos cuenta de ello, podemos hacer algo para cambiarlo y, sobre todo, que por eso estás aquí, para tener una relación de pareja sana y positiva.

La terapeuta pudo notar que Marina quería de verdad conservar su relación con Pedro, por lo que estaba dispuesta a poner de su parte y hacer equipo con él. Al preguntarle sobre relaciones pasadas, ella le contestó que ninguna había sido significativa, que había estado con otros chicos pero siempre vio de alguna manera que "estaban de paso". No quería que con Pedro ocurriera lo mismo, lo tenía claro.

—Sé que yo misma he tenido miedo de muchas cosas con Pedro. Pensando yo misma sobre mi historia, me he dado cuenta de que muchas veces he reaccionado muy fríamente con él al recordarme o anticipar cosas que no puedo... que no quiero aguantar. Y no digo que él sea perfecto, claro.

—¿Querrías no anticiparte tanto? —propuso Cristina.

—Sí, me gustaría ser capaz de eso.

—Creo que sería bueno que en la sesión conjunta que tendremos la semana que viene lo hablaras, justo esto, lo que te gustaría. ¿Cómo lo ves?

—Vale. Estoy dispuesta.

Antes de finalizar la sesión, Cristina le recordó el cuestionario que le facilitó la semana anterior, y Marina se lo entregó.

—¿Tuviste alguna dificultad para rellenarlo?

Marina recordó que fue respondiendo a las preguntas sobre la manera que tenían de discutir, sobre el malestar que percibían y sobre la implicación en la propia pareja. Algunas respuestas las tenía claras, pero otras le costaron algo más.

—No mucho mucho... a veces dudaba si lo estaba haciendo bien, tenía curiosidad por lo que podría contestar él... pero lo rellené todo —contestó Marina.

Cristina finalizó la sesión valorando su esfuerzo mientras la acompañaba a la salida.

Ya en la calle y de camino a casa, Marina reflexionó sobre lo que podría estar pasando con Pedro. Se sentía animada al pensar que podría arreglarse todo. Al llegar se encontró con Pedro y sintió algo diferente de lo que experimentaba los últimos meses.

—¿Qué tal ha ido la sesión? —preguntó él.

Sesión con Pedro (Sesión 3)

—Ella siempre está igual, siempre con sus temas de trabajo, cogiendo el móvil a todas horas, sin parar un momento. A veces me pregunto si se da cuenta de que estoy. Eso tiene que cambiar. No voy a soportar más a alguien que me ningunea, que no tiene ni un solo gesto de cariño. El problema es que no saca tiempo para nosotros. Tiene que priorizar: o el trabajo o nosotros.

—Vaya... te veo muy insatisfecho con la relación. ¿Cómo te sientes ahora mismo mientras me cuentas esto? —Cristina vio el estado de Pedro y se preguntaba si él mismo se daba cuenta de su enfado.

—Siento que no sé qué más hacer, de verdad. Es muy injusto, ella no se da cuenta, y yo no puedo más.

—¿Cómo te sientes con eso?

—¿Cómo me voy a sentir? Fatal. No solo molesto: muy enfadado y... harto.

—Lo entiendo. Está claro que quieres algo y no lo estás obteniendo, al menos no de la manera que lo has buscado hasta ahora...; debe de ser frustrante. Y ante esa frustración... creo que cualquier persona en tu lugar intentaría hacer lo mismo que haces tú, que haría yo: luchar, luchar contra esa sensación para no tenerla e intentar conseguir lo que se quiere... ¿Te sentiste así el día anterior, cuando estábamos los tres aquí?

—Bueno, tengo claro que quiero estar con ella, pero también me siento muy presionado y continuamente atacado; aunque hablándolo los tres fue más suave; bueno, no sabría cómo explicarlo.

—¿Qué tal os fue al salir de aquí?

—Bien, estuvimos algo más calmados; creo que nos sirvió, como mínimo, de desahogo. Al quedarnos a solas de nuevo es cierto que estábamos algo tensos, pero también... como menos resentidos, como con ganas de salir de eso y como con muchas esperanzas de que fuera a pasar.

—Me alegra lo que me dices; es un principio de lo que iremos trabajando aquí. Antes de nada, sí que me gustaría decirte que este tiempo que tenemos es para que tú puedas expresarte sin ningún tipo de reparo y en total confidencialidad conmigo, ya que nada de lo que hablemos aquí será compartido en sesiones con Marina sin tu consentimiento: incluso si hubiera algo comprometido o secreto que no te atrevieras a contar con ella delante. Aquí tienes un espacio para que puedas hacerlo con total seguridad. ¿Te parece bien?

—Sí, claro —contestó Pedro, que no tenía nada peliagudo que revelar, pero que tenía esa duda rondándole y agradeció la profesionalidad de Cristina al abordar el tema de forma natural.

—Vale, antes de continuar, me gustaría preguntarte por el cuestionario que os entregué la semana pasada.

Pedro lo traía totalmente rellenado, tal y como pudo comprobar Cristina, que le preguntó si tuvo alguna dificultad: había sido fácil, aunque algunas preguntas le recordasen que su relación andaba bastante deteriorada. "Es normal en este momento; y es muy bueno ser conscientes del punto de partida antes de empezar el camino" —le dijo ella.

—En la sesión anterior —continuó— hablamos un poco sobre cómo os afecta esto a vosotros como pareja, y ahora me gustaría centrarme en cómo te afecta esto a ti, a tu vida.

—Uhm... me afecta... bastante. Verás, en estos meses estoy pasando por una racha muy dura... estoy buscando trabajo y quiero hacer algo con mi vida. La verdad es que la satisfacción y la sensación de estar realizado venían de mi relación con Marina. Pero ahora eso ha cambiado tanto... Paso casi todo el día intentando tirar de mí mismo y hacer algo positivo, y claro, cuando llega ella y discutimos, pues me hundo más aún.

Cristina y Pedro hablaron sobre esa racha que él estaba pasando, sobre lo que le costaba motivarse y su apatía a veces. Ambos estuvieron de acuerdo en que esa situación tenía un impacto muy negativo en la actitud de Pedro hacia Marina.

—Sé que si yo tuviera más actividades que ahora seguramente me sentiría más contento y, claro, eso me haría estar mejor con Marina... solo que no sé cómo hacerlo. Me siento impotente.

—Eso veo, Pedro, y también me transmites que quieres salir de ahí. ¿Qué te parece si analizamos esto de manera conjunta con Marina en la siguiente sesión?, ¿estarías dispuesto?

—Me costaría, pero sí, si eso puede ayudarnos, claro.

Cristina tomó algunas notas sobre esto mismo mientras sonreía cálidamente y le transmitía optimismo. Siguieron charlando sobre temas importantes para la solución de sus problemas. A continuación, se interesó por su infancia y por cómo le habían educado.

—Pues... soy hijo único, y, bueno, soy bastante independiente de mi familia, la verdad. Tampoco es que mis padres se hayan volcado demasiado en transmitirme lo contrario.

—¿Qué cosas dirías que te han transmitido?

—Mi madre, sobre todo, exigencia; es una persona muy sacrificada en todos los sentidos y a mí no me iba a pedir menos. Aunque... ahora que lo veo con años de distancia, no creo que realmente sea tan exigente... creo que simplemente se conforma con tener a su marido contento y vivir según unas ideas estrictas.

—¿Qué ideas?

—Para mi madre siempre tienes que obedecer cuando se te dice algo. Y también piensa, por supuesto, que si algo malo puede pasar, pasará. ¡Ah! y también: "No confíes en nadie, ¡nunca! Solo en tu padre y en tu madre que son los que te quieren". La recuerdo despotricando de sus amigas y después poniéndoles buena cara, siendo encantadora con alguien a quien minutos antes había puesto a caer de un burro. A veces la culpo, creo que gran parte de mi pesimismo viene de ahí.

—Es normal, e inevitable, que aprendamos cosas de nuestros padres; seguramente ella también lo aprendería de su familia.

Hablaron algo más de su madre, de lo ambivalente que era hacia él, mostrándose a veces cercana y otras muy distante. También recordó cómo su padre le ordenaba hacer las cosas que creía mejor para él: la opinión de Pedro no contaba, nunca contó. Por suerte para él, su padre decidió (y su madre le comunicó) que tenía que irse de casa para realizar sus estudios en Economía.

—¿Cómo fue ese cambio para ti?

—Muy importante. En el momento lo vi como horrible, fue como confirmar que definitivamente no les importaba a ninguno de los dos. Pero en la residencia empecé a relacionarme mucho más y realmente fue lo mejor que pudo pasarme. Es como cuando te echan al agua sin saber nadar y de alguna manera, chapoteando, no te hundes y ves que puedes avanzar.

Pedro le contó cómo empezó a responsabilizarse de sus propias decisiones sin que su madre le dijera lo que tenía que hacer, y cómo eso le hizo sentirse bien. En esa época vio que las cosas no eran como su madre le había transmitido.

También, en esa época, conoció a Paola.

—Fue la primera relación que tuve. Ahora creo que ambos nos comimos un poco lo peor del otro. Ella... bueno, cuando estábamos a punto de hacer un año, me engañó con un compañero... y tonto de mí, la perdoné. Cuando eso pasó, todo lo que decía mi madre cobró sentido de nuevo, "nadie te va a querer", "no te puedes fiar", eso sobre todo, claro. Yo no fui un santo después de eso... aunque seguimos juntos, no la traté bien: la culpé y, aunque sabía que no podía realmente perdonarla, no quería dejarla, por miedo a la soledad. Al final pasó lo que tenía que haber pasado: ella terminó la carrera y se marchó al extranjero a hacer prácticas y demás, y yo me quedé.

—Mientras hablas de eso ahora mismo, aquí, ¿cómo te sientes?

—Siento... tristeza, porque vi cómo muchas cosas que tenía aprendidas de casa salieron en esa relación; claro que ella me fue infiel, pero yo no me preocupé en absoluto de lo que ella quería, ni de conocerla apenas; esto te lo digo ahora con calma muchos años después, ¡en ese momento ella era la peor persona del mundo! —soltó Pedro riéndose, y Cristina participó de su salida.

—Me ha gustado lo que has dicho sobre traer cosas aprendidas de casa. ¿Crees que eso puede estar pasando ahora también, en tu relación con Marina?

—Sí... no lo había visto así, de alguna forma creía que eso ya salió con Paola, y con Marina era totalmente diferente... pero veo que no; y me siento algo estúpido con eso... Parece que caigo en lo mismo.

—Creo que es muy importante lo que estás diciendo, me gustaría saber en qué cosas consideras que estás cayendo de nuevo con Marina.

—Creo que no la trato bien, con el interés que debiera, ¿sabes? Hablando de mi madre y de Paola... me doy cuenta de que..., sí, parece que solo espero que Marina me demuestre una y otra vez que realmente me quiere, como requisito para interesarme por ella u ofrecerle lo que a ella le gustaría recibir de mí; es como si estuviera muy a la defensiva... como si esperase de ella...

—... que te demostrase que no te quiere —completó Cristina.

—Sí, justo; es ese mensaje de nuevo de mi madre, ahí parece estar diciéndome de nuevo "nadie te va a querer como nosotros".

—Es bueno que te des cuenta de eso, muy bueno de hecho. Hemos hablado de tu madre y apenas has nombrado a tu padre.

—Ya, bueno, creo que es normal, y algo podrás adivinar —dijo con sorna—. Mi padre nunca ha tenido un trato directo conmigo; bueno sí, recuerdo una vez que saqué muy, pero que muy malas notas, y la bronca que me echó y el desprecio que me mostró no son fáciles de olvidar... Si fuera una persona que te hablase para bien o para mal, pues mira... pero no; mi padre no es una persona muy amable o comprensiva.

—Vaya, parece que tu madre era la más comunicativa.

—Sí, bueno, un padre que ni te mira y solo te habla para insultarte, si te has equivocado en algo y una madre que cuando lo hace es para contarte lo horrible que es el mundo... a veces me pregunto cómo pudieron casarse.

—¿Cómo crees que pasó eso?, ¿qué crees que les hace estar juntos?

—Pues ahora que lo pienso un poco son tal para cual, eso lo tengo claro. Nunca los he visto discutir. Parece que cada uno sepa a la perfección lo que el otro quiere o necesita, y simplemente viven sus vidas acorde con eso. Tampoco les he visto nunca cariñosos el uno con el otro.

—Según me cuentas, parece que encontraron una manera de convivir. Me has comentado cómo ves a tu madre y a tu padre, y me gustaría preguntarte... verás, cuando estamos en un problema con alguien solemos pensar de nosotros que estamos siendo muy pacientes, que estamos aguantando muchos errores del otro o, por otro lado, podemos pensar que somos una carga o un lastre. ¿Cómo te ves tú en esta situación con Marina?

—Pues... por un lado me parece que estoy aguantando mucho, que me debería querer más, y me veo abandonado; por otro, sobre todo hoy hablando contigo... me he visto también como un lastre para ella, porque sé que no estoy en mi mejor momento y pierdo la paciencia continuamente.

Pedro y Cristina hablaron a continuación de las cosas que él hacía o dejaba de hacer y que parecía que había visto o aprendido de alguna manera en sus experiencias pasadas:

- Discutir con Marina cuando ella llegaba a casa más tarde de lo esperado.
- Mostrar una actitud distante cuando le parecía que ella no era lo suficientemente atenta o amable.
- Ponerse a mirar cosas sin importancia por internet, a 'perder el tiempo', según sus propias palabras.
- Contestar malhumorado y de malas maneras.

Ambos las comentaron y vieron que no le servían para conseguir un cambio positivo. Había que hacer algo distinto.

—Pero antes has dicho que no está mal que esté enfadado, y ahora vemos que tengo que cambiar —apuntó Pedro—. ¿Tengo que cambiar o no estaba mal?

—¡Es muy bueno que hayas notado eso! Está claro que tú no tienes la culpa de sentirte así de mal, y que seguramente muchas personas se sentirían como tú. Verás, ¿alguna vez te has dado un golpe con la esquina de un mueble, quizás en un pie?

—Sí, claro, y no veas qué fastidio.

—Exacto, ¡qué fastidio! Y dime, ¿está mal ese dolor que sentiste?

—Bueno, no me gusta, claro, aunque no es que el dolor esté mal; no está ni mal ni bien. Supongo que cualquier persona que se diera un golpe sentiría lo mismo.

—Bien, ahora imagínate que eso te ocurre en un lugar público al que hayas ido con un propósito, una biblioteca, por ejemplo. Tú sentirías ese dolor y tendrías ganas de gritar y maldecir y acordarte de la familia del mueble... ¿lo harías?

—No, claro.

—¿Por qué?

—Porque daría la nota. No sé... puede que hasta me echasen.

—¡Exacto! Puedes sentir dolor, no está mal, es fastidioso claramente. Y vas a tener que hacer algo con ello: gritar parece que no resultaría operativo o no sería útil o pertinente, no es que esté mal, ¡es que, simplemente, no vale para conseguir lo que tú quieres! —comentó Cristina enérgicamente.

—Entiendo lo que dices; y sí, es cierto, me doy cuenta de que no sé cómo manejar el dolor de esos momentos ante Marina... quizás no esté haciendo lo mejor pero... no sé actuar de otra manera.

—¿Cómo te sientes ahora?

—Mal... apenado... quiero estar con ella, pero no así.

—Si te dijera que para estar con ella y crear una relación sana y de calidad tuvieras que hacer hueco al dolor, asumiendo esa responsabilidad en la relación, ¿qué me dirías?

La tristeza nubló durante unos segundos el juicio de Pedro, y comprendió que él quería estar con Marina, lo que no deseaba era sentir ese dolor.

—Que sí..., que, aunque me cueste, estoy dispuesto: quiero realmente estar con ella.

Cristina identificó que Pedro estaba comprometido con la relación pero que, al igual que Marina, reaccionaba de modo inconveniente.

La sesión había transcurrido adecuadamente y habían reunido elementos muy útiles para empezar a trabajar, pero aún quedaba abordar algo muy importante:

—Por último, Pedro, me gustaría conocer la manera en que Marina y tú fuisteis logrando que vuestra relación se fortaleciera en estos años. Tú, ¿desde cuándo dirías que estáis juntos de manera comprometida?

—Pues... empezamos en el verano de 2014, porque, aunque nos conocimos en la primavera, digamos que la cosa no se formalizó hasta unos meses después.

—Entonces lleváis unos... cinco años juntos, ¿no? Me gustaría saber cómo han sido para ti.

—Al principio todo fue bastante bien, supongo que siempre es así... Poco a poco fuimos conociéndonos más, perdiendo el miedo a estar juntos y a lo que eso implica. Sé que a ella le costó: Marina estaba acostumbrada a un tipo de vida más independiente, y soy consciente de que intimar conmigo y dirigirnos a algo en común la puso a prueba en muchos aspectos.

—¿Eso lo habéis hablado entre vosotros? Tal y como me lo cuentas parece que sí.

—Sí, sí, esto es algo que ella me dijo, y yo realmente la comprendí.

—Parece que ahí tuvisteis que abordar algo juntos, y no salió nada mal. Me gustaría saber cómo lo solucionasteis entonces y qué diferencia crees que hay con la manera en que intentáis resolver la situación actual.

—En aquellos momentos... creo que todo estaba mucho más calmado, más fresco; cuidábamos el uno del otro... nos escuchábamos más, bueno, quizás yo la escuchaba más... sí, me paraba más a hablar con ella y entenderla. Ahora parece que he perdido la paciencia.

—Creo que puede ser muy útil que me cuentes algún momento, en el pasado, en el que pusiste de tu parte para solucionar un problema que tuvierais.

Parándose lo suficiente para evocarlo con claridad, Pedro recordó que hacía un par de años Marina tenía muy poco tiempo tanto por el trabajo como por las clases de inglés a las que acudía. Él también tenía su trabajo y sus cosas, y aún así la echaba mucho de menos porque ella llegaba a casa agotada. Era invierno, y aunque tenía deseos de recibir cosas de ella, decidió tomar la iniciativa.

Varios días a la semana, cuando ella llegaba cansada y con los pies doloridos y fríos, Pedro la sorprendió ofreciéndose a darle masajes relajantes en la espalda, en los pies con agua caliente como sabía que le gustaba a ella, y hacerle la cena, sin que Marina tuviera que preocuparse de nada; pero realmente él entonces no esperaba nada a cambio.

—¿Qué ocurría esas veces? —Cristina sospechaba la respuesta, pero quería que Pedro la recordase.

—Ella lo valoraba, sí, muchísimo, y me gustaba mucho verla así de satisfecha... y ahora que me acuerdo, Marina también sacaba tiempo para mí sin yo esperarlo, y a veces me sorprendía —su pensamiento, inevitablemente, le llevó a algunas ideas similares que podría llevar a cabo en el presente.

Cristina supo que sería posible recuperar esas formas de cuidarse mutuamente que tenían en el pasado. Pero había que seguir averiguando ciertos detalles.

—Por cierto, antes de plantearos venir a terapia, ¿intentaste buscar solución de alguna otra manera?

Pedro contó que, después del incidente del jarrón y la vecina, igual de desazonado que Marina, buscó en internet. "Problemas de pareja" —tecleó, y en 0,078 segundos —según el buscador más popular del mundo— aparecieron tres resultados: "Problemas de Pareja-Te ayudamos-Primera consulta gratuita", "Conflicto con pareja-no sufras más-llama y te ayudamos", "Relación de pareja: nueve reglas infalibles para solucionar tus problemas de pareja". De manera automática y sin pararse a pensarlo, abrió el tercer enlace. Accedió entonces a un artículo de prensa digital en el que encontró un compendio de reglas para tener una relación sana:

- "Para y deja que la otra persona se explique".
- "No pidas lo que no puedes dar".
- "Ponte en la piel del otro".
- ...

Conforme lo iba leyendo todo tenía mucho sentido para él, pero... "Sí, sí ya sé que todo esto es lo que debo hacer, la cosa es que simplemente no somos capaces, ojalá fuera tan fácil como saberlo". Incluso se propuso firmemente ponerse a ello, pero para la siguiente discusión con Marina ni se le pasaron por la mente esos puntos. Cristina le devolvió al presente:

—Tomasteis la decisión de venir aquí de manera conjunta, ¿verdad?

—Sí, sabíamos que teníamos que hacer algo y que así no podíamos seguir.

Pedro le explicó de cómo hablaron de varias opciones. Tanto a Marina como a él les recomendaron acudir a profesionales de todo tipo: desde chamanes hasta tarotistas con muy buena fama. "No me gustaría poner nuestra relación en manos de los astros u otras fuerzas cósmicas". Recordaba que le dijo él a Marina ante esa idea.

Buscaron juntos quién sería la persona más preparada para ayudarles y estimaron que una profesional de la psicología, formada en problemas específicos de pareja y con experiencia, ofrecería más garantías para que sus esfuerzos ¡y ahorros! no cayeran en saco roto.

Tras poco más de una hora reunidos, Pedro y Cristina tenían la sensación de haber llevado a cabo un buen trabajo: sin duda estaban avanzando en la dirección correcta.

—Creo que estás muy dispuesto a volver a ofrecerle esa escucha y esa calma —reflexionó Cristina—. Y, la verdad, cuando buscasteis juntos mi ayuda colaborasteis de forma constructiva, así que es un buen precedente. Si te parece, podemos ir acabando por hoy. Gracias por todo lo que has puesto de tu parte, con ello he podido hacerme una idea mucho más clara, y junto a la entrevista con Marina de hace unos días, podemos reunirnos los tres la semana que viene para tener una visión amplia del problema, para empezar el tratamiento. Marina me dijo los días que tenía libres, así que si te parece me puedes decir tú los tuyos y fijamos la sesión...

Pedro salió de la consulta hacia su piso recordando con agrado esos momentos en los que había podido dejar a un lado su propio cansancio y malestar para atender a Marina, y sintió algo extraño: echaba de menos ser esa persona en su relación. Ese pensamiento le llevó a planificar algo que seguramente llevaría a cabo en los siguientes días, y que quizás Marina agradeciera.

***

Aunque se siga una terapia de pareja, las entrevistas individuales resultan importantes para complementar la información de la sesión conjunta de cara a detectar problemas que pueden estar influyendo en la relación o de forma personal. Por eso, desde la TIP, se consideran también inexcusables. En el caso que estamos siguiendo, la secuencia ha sido la más habitual en esta terapia: una sesión conjunta e, inmediatamente, una sesión individual con cada uno de los miembros de la pareja. Aunque este sea el patrón más corriente, tampoco resulta raro que se puedan suceder varias sesiones conjuntas antes de pasar a las individuales si los datos obtenidos sobre las interacciones mutuas no han resultado precisos o concluyentes; o bien, sucederse varias sesiones individuales con uno u otro miembro si en alguna de estas, por los motivos que sea (falta de claridad, desbordamiento emocional, dificultades de evocación o expresión, etc.), tampoco se reunió una información lo suficientemente rica para la evaluación.

Como la TIP no plantea unas sesiones protocolizadas o excesivamente estructuradas, la terapeuta puede recorrer los temas de interés de forma natural, según vayan apareciendo, sin rígidos encorsetamientos respecto a los contenidos o los temas. Lo que debe tener claro es que, al final, sí debe haber reunido datos sobre varios aspectos cruciales para la terapia de la pareja. No obstante, el foco deberá ser tanto la recogida de datos como el apoyo, el estímulo y las muestras de empatía y comprensión sobre las emociones y reacciones de cada miembro de la pareja. De alguna manera, esa forma de actuar del profesional es igualmente un modelo que permeará progresivamente a los cónyuges como forma de interacción posible también entre ellos. Por esta razón, ahora, al analizar las sesiones individuales de Marina y de Pedro, la atención se orientará tanto a los contenidos que formaron parte del diálogo como a las actitudes de Cristina como terapeuta, que son una muestra de las habilidades o destrezas que debe desplegar todo profesional que trabaje con el modelo de la TIP.

Aunque en distinto orden o deteniéndose más o menos tiempo con cada uno, Cristina ha dirigido su interés hacia las cuestiones que ahora se enumeran y que se ejemplificarán con el contenido mismo de las dos sesiones individuales:

1. *Información sobre el efecto que tuvo la sesión inicial conjunta:*

Tanto Marina como Pedro coinciden en dar importancia a esa primera sesión. Ambos la ven como un revulsivo, aunque aún no puedan valorar si se va a convertir en algo realmente positivo y transformador. Precisamente porque ha sido dirigida por una profesional —y con un propósito bien determinado teóricamente— tiene un efecto muy distinto del que le proporcionó a Marina la conversación con su amiga Laura. De hecho, permite ver que las intervenciones de amigos, conocidos o familiares, aunque bienintencionadas, poco o nada tienen que ver con las que de manera competente puede llevar a cabo una terapeuta de pareja formada y con experiencia.

Tanto Pedro como Marina acaban la sesión conjunta con sentimientos ambivalentes (*"fue raro"*, *"pensé que era muy triste que no se hubiera dado cuenta antes…"*, *"aunque estaba triste... estaba a mi lado"* / *"más calmados... algo tensos"*). Pero también en ambos casos sale a relucir una idea: *esperanza*. Algo importante, pues se puede convertir en el motor para transitar por unas vivencias dolorosas o que asustan, pero que han de recorrerse si pretenden arreglar su situación de pareja.

Cristina trata de saber si algo de lo que se habló en la sesión inicial no quedó claro y pregunta directamente sobre esto. Tanto Marina como Pedro están de acuerdo en que todo resultó comprensible y lógico, aunque Marina — con natural impaciencia— quiere que se les den ya trucos para no discutir. La terapeuta, de manera profesional, hace ver que es aún pronto para poder ofrecer pautas eficaces con garantías, pues se encuentran aún en una fase de evaluación. Las técnicas de pareja cardinales de la TIP (la unión empática y la separación unificada) son en la mayoría de los casos estrategias complejas y vivenciales, que no pueden explicarse o ponerse en práctica como recetas o trucos. Como se ve en las páginas de internet o en las recomendaciones de los amigos, estos recetarios están por todas partes, pero su operatividad es la misma que la de una dieta milagro o la de un método infalible para hablar inglés en dos semanas.

2. *Comentarios sobre la confidencialidad de las sesiones individuales:*

Aunque la TIP es una terapia de pareja, no por eso todo lo que se diga individualmente al terapeuta puede o debe comentarse al otro miembro de la pareja. Por eso, el psicólogo debe aclarar que, si bien lo más habitual es que los datos que se dan en la sesión individual sean conocidos y mencionarlos no suponga un problema en las siguientes sesiones conjuntas, si eso no fuera así y se deseara mantenerlos en privado, por supuesto se respetará esta decisión. De lo contrario, resultaría muy comprometido para uno de los miembros de la pareja mencionar una infidelidad, un problema económico grave que la pareja desconoce, una cuestión familiar delicada y cuyo conocimiento puede provocar una crisis, la decisión ya adoptada por uno de ellos de dejar la relación, consumos abusivos de alcohol o drogas o, especialmente, que se está siendo víctima de abuso o violencia doméstica. El terapeuta tomará buena nota de estas cuestiones, y asegurará y respetará la confianza que se le otorga al transmitírselas.

En realidad, también es muy frecuente que en las sesiones individuales se digan cosas sabidas por el otro miembro, pero facilita verbalizarlas el no verse obligado a medir excesivamente las palabras ni a procurar ser muy delicado o diplomático, que es lo que suele acontecer en las sesiones conjuntas.

En la sesión con Marina, esta traslada a Cristina unos sentimientos de atracción hacia un compañero de trabajo que nunca había contado a Pedro, aunque rápidamente se explican en el contexto de su mala situación de pareja. En realidad, aclara Marina, lo que le gustaba es cómo ese hombre trata a su pareja y no tanto él mismo. Como estos sentimientos no juegan un papel importante o no afectan a la relación, pronto dejan de ser el foco de interés en la sesión.

3. Recogida de los cuestionarios entregados:

En las sesiones individuales se solicitan los cuestionarios, que se pueden entregar así con confidencialidad. Se comprueba si se completaron del todo y se pregunta sobre posibles dudas al realizarlos. Si estos tests se han completado y entregado puntualmente, la pareja está dando una muestra de implicación e interés por la terapia. Es posible que suponga una primera prueba de la confianza que tienen en el tratamiento, en sus pautas y métodos. También puede suponer un dato importante tener en consideración las diferencias entre ambos al entregar y completar o no los cuestionarios: si uno de ellos no los ha hecho, el terapeuta debe preguntarse si eso indica una desconfianza o rechazo hacia la terapia o la figura del profesional. Este será un tema que explorar con más detalle. En el caso de Pedro y Marina, ambos recordaron completarlos y llevarlos a su sesión, lo que para Cristina fue una buena muestra de su trabajo previo y del interés de la pareja por abrirse a la ayuda que les puede brindar. Por otro lado, una discrepancia muy notable entre las puntuaciones de ambos (por ejemplo, en el DAS), puede ser un indicio de las diferencias en la percepción de los problemas y, eso mismo, revelar un problema en muchas otras áreas de la relación.

4. Habilidades de la profesional:

A lo largo de la entrevista Cristina debe hacer uso de varias destrezas para ser bien comprendida, contener y encauzar las emociones de ambos, animar y motivarles en determinados momentos, empatizar con ellos, etc. Para ello se sirve de ejemplos gráficos (*"si te pegas un golpe con un mueble"*), auto-revelaciones pertinentes (*"yo haría lo mismo", "¡yo he hecho cosas parecidas en mi relación!"*), conexión emocional (reírse con Pedro cuando evoca detalles de la infidelidad de Paola; reírse con Marina cuando habla del inicio de su relación con Pedro; o ser muy cálida cuando ella comienza a llorar angustiada), aclarar emociones (*"creo que cualquier persona en tu lugar intentaría hacer lo mismo que haces tú", "es bueno darse cuenta de eso"; "Marina, esto tiene un gran impacto en tu vida..."*), sintetizar lo contado y poner voz a lo que se siente (*"tu trabajo te importa mucho y sufres realmente cuando algo te intenta apartar de él"*), etc.

En conjunto, los terapeutas que practican la TIP deben hacer gala de habilidades propias de cualquier terapeuta de pareja (sensibilidad hacia el dolor que causan los problemas de pareja, auténtica equidistancia entre ambos miembros, capacidad de comunicación, tolerancia al malestar y al sufrimiento, etc.), pero, además, otras propias de esta terapia como son[32]: (1) la habilidad para atender a lo relativo al análisis funcional de la pareja (Cristina es capaz de dirigir su información una y otra vez a la comprensión de la interacción entre Pedro y Marina: lo que hacen ambos que favorece la aparición de sus discusiones); (2) la sensibilidad hacia el contexto (aunque tiene el objetivo anterior, es capaz de arrumbarlo si Pedro o Marina se emocionan con un tema y debe consolarlos); (3) la aceptación y desculpabilización (Cristina entiende y

---

[32] Adaptado de Barraca (2016, pp. 75-83).

acepta las emociones y reacciones de ambos y no les culpa por tenerlas. Sabe que son un producto lógico de sus experiencias pasadas y de los modelos de relación que han vivido. Eso no significa que justifique cualquier cosa, pero sí que pueda validar las emociones que surgen de forma natural al recordar los comportamientos de los padres de cada uno o de las situaciones que Pedro y Marina han experimentado juntos con el excesivo trabajo de ella o el desempleo de él; así, les dice en varias ocasiones: "*es normal que sientas eso*", "*no es egoísta*", etc.); (4) la habilidad para descubrir y mantenerse enfocado en la formulación del caso (aunque salgan otros temas y se puedan mencionar, Cristina sabe dedicarles su tiempo justo: por ejemplo, cómo se animaron a ir a terapia y contactar con ella —por el consejo de amigos o por internet— puede tener su relevancia, pero una vez que se cuenta brevemente esto se debe volver a trabajar en lo importante: la dinámica de la relación. Otro ejemplo es cuando pregunta a Pedro y a Marina si lo vivido en casa, con sus padres, está influyendo en los problemas que tienen en la actualidad); (5) la habilidad para mantener un ambiente terapéutico a pesar de que produzca una situación grave (aunque se den discusiones, surja la ira y la indignación, o un dolor muy agudo, mientras se está en consulta se debe salvaguardar el espacio terapéutico. Cristina controla siempre este clima para transmitir la idea de que allí lo importante no es tanto el desahogo, sino trabajar hacia algo productivo); (6) la destreza para usar un lenguaje que "llegue" a la pareja (todos los ejemplos que pone Cristina, sus metáforas y sus explicaciones son muestras de buen ejercicio profesional en este sentido. En la TIP no se cuentan teorías sobre las relaciones de pareja, sino que se explicitan ejemplos propios de la pareja, como pasa cuando se pone el ejemplo de si uno se da un golpe con un mueble, o cuando se aclara la diferencia entre la normalidad de tener dolor y hacer cosas que no están siendo útiles).

5. *Los problemas presentes:*

La TIP es una terapia que trabaja sobre los problemas que están afectando a la relación en la actualidad. Como también se ha visto, se recoge información del pasado, pero siempre con el objetivo de comprender por qué en el momento presente se producen esas dinámicas en la relación. En concreto, Pedro y Marina consiguen —a través de las preguntas de Cristina— dibujar con claridad los problemas que están viviendo en su día a día. Así, Pedro alude a cómo ella está volcada en el trabajo, mientras que él está pasando una mala racha laboral y personal, y ahora, al sumarse el problema en la relación con Marina (*"lo único que me quedaba"*), se siente hundido. Por su parte, Marina saca a relucir los reproches mutuos que ambos se dirigen y la falta de apoyo de Pedro, que no valora su actividad laboral y, por el contrario, parece que desee que ella se desvincule de su trabajo.

6. *La historia de la familia de origen:*

Como Cristina expone a ambos, los modelos familiares de relación y de manejo de los conflictos son muy importantes para explicar cómo han podido llegar a esta situación. No es culpa suya haber vivido determinados problemas en sus entornos de origen, pero sí que es su responsabilidad cobrar conciencia de cómo les influyen, en especial si quieren sobreponerse a las dificultades actuales. Marina cuenta que su familia tenía pocos recursos, por lo que ella se independizó pronto. También le influyó mucho que su madre no tuviera el apoyo de su cónyuge y, por eso, cuando ve alguna reacción de Pedro parecida a las de su padre se siente muy afectada, aunque sepa que Pedro no tiene las mismas actitudes. Se le quedaron grabadas las palabras de su madre cuando estaba sobrepasada por las deudas (*"no acabes como yo"*). Pedro tuvo unos padres distintos: ambos eran fríos y exigentes y le invitaban a desconfiar de cualquier persona que no fuesen ellos mismos. Le educaron en el sacrificio y la importancia del rendimiento. Además, su padre parecía incapaz de comunicarse directamente con él. Tampoco eran cariñosos el uno con el otro. Por eso es lógico que —ahora que estén mal las cosas con Marina— parte de estos comportamientos (frialdad, corte en la comunicación, etc.) se infiltren en su propia relación.

7. La historia de la relación:

Es también clave para la TIP conocer la historia de la relación de pareja. Aunque esto puede haber ya salido en la sesión conjunta (como es aquí el caso), es habitual que se explore más en detalle en la individual; además, así es posible contrastar la visión que cada uno puede tener sobre el origen del compromiso. En nuestro ejemplo, Pedro habla de una relación anterior —con Paula— que acabó con mucho sufrimiento por la infidelidad de ella (lo que despertó *"lo que tenía aprendido de casa"*). El miedo a la repetición de una infidelidad es entonces lógico y la necesidad de cercanía y muestras constantes de afecto por parte de Marina puede tener mucho que ver con ello. Pedro también es consciente de que comprometerse para Marina supuso un notable cambio vital, pues ella vivía de forma muy independiente. Pero en esos momentos se prodigaban la escucha, las atenciones mutuas y la frescura y naturalidad en sus contactos, por lo que el tránsito resultó fácil.

Marina confirma a Cristina que, ciertamente, empezó la relación con temor por lo que acarreaba de pérdida de independencia, pero el vislumbrar en Pedro —y distinguir luego como cierto— el deseo de establecer una relación seria (*"algo sólido"*) que fue cuajando de forma progresiva, deshizo poco a poco sus titubeos. En su caso no había habido ninguna relación anterior importante, los otros hombres *"estaban solo de paso"*.

8. El grado de implicación o compromiso actual:

Resulta verdaderamente complejo empezar una terapia de pareja con un grado de implicación pequeño por parte de alguno de los miembros y, sobre todo, cuando se carece de un compromiso firme por mantener la relación. Dado que toda terapia de esta naturaleza va a poner a la pareja en situaciones más o menos dolorosas, delicadas o apuradas, solo tiene sentido cuando ambos están más o menos seguros de que quieren intentarlo, de que van a poner de su parte y de que tienen ilusión porque salga adelante y su unión se resarza. Un poco más adelante, se comprobará cómo los cuestionarios aportan noticias útiles sobre esto, pero la terapeuta ya ha podido recogerlas en cierta medida a través de las entrevistas individuales y por la expresión directa de los implicados, como es aquí el caso. Pedro —por boca de Cristina— asegura que *"quiere salir de allí [de los problemas], aunque le cueste"*; *"estoy dispuesto, quiero realmente estar con ella"*. Marina también manifiesta la misma motivación.

9. *La responsabilidad personal en el mantenimiento del problema:*

La TIP es una terapia de pareja y la explicación de los problemas y, por tanto, su abordaje recae en las interacciones mutuas, esto es, no pone el acento en que el culpable de la mala situación de la pareja es el otro miembro, y por lo tanto este es quien debe cambiar. Aunque al principio Marina y Pedro culpan al otro de la situación, poco a poco, en el trascurso del diálogo con Cristina, cobran conciencia de sus respectivos papeles en la cuestión. Marina le explica a la terapeuta que ella evita entrar en las discusiones, que se calla, que no quiere entrar al trapo o que, si se producen, hace lo posible por finalizarlas cuanto antes, lo que seguramente lleve a cierres en falso. Cuando analiza más objetivamente el comportamiento de falta de apoyo de Pedro, acaba por reconocer que no es igual que el de su padre y que, por tanto, el que ella le eche todo en cara, anticipe comportamientos negativos de él o directamente le trate de forma despectiva es injusto; y desde luego no va a resolver nada, si acaso enfangará más el escenario.

Por su parte, Pedro reconoce que *"si hiciera más cosas de lo que hago"* eso facilitaría la relación, pero pierde tiempo en internet en vez de ayudarla. Ve también el concurso pernicioso que algunos de sus modelos familiares han jugado al hacerle comportarse de forma inadecuada; comprende así que no está tratando a Marina con el interés que debiera, que él no le presta atención, que no le responde de forma educada, que no tiene paciencia, que se pone a discutir con ella en cuanto llega tarde a casa y, además, que ni siquiera le parece bastante cuando Marina le trata con amabilidad.

Reflexionar sobre todo esto empuja a ambos de forma espontánea —como se ve al final de las dos sesiones— a querer hacer algo más positivo por el otro. Se demuestra así algo muy importante: ambos se han dado cuenta de que deben dejar de esperar el cambio espontáneo del otro y que quizás su participación, con nuevas conductas, pueda ser un revulsivo para modificar positivamente la situación.

10. *Otros datos pertinentes para la formulación del caso:*

Sin el modelo de formulación del caso que propone la TIP puede resultar ciertamente arduo engarzar o combinar toda esta información. Cristina, al tiempo que recoge estos datos, teje en su cabeza un tapiz completo, con conceptos que más adelante se desarrollarán en profundidad, pero que se adelantan aquí mínimamente para ayudar a comprender el papel que juegan estas sesiones individuales en la orientación del tratamiento. Para Pedro los sentimientos de frialdad y distancia de sus padres, junto con la infidelidad de Paola, pueden haber tenido una influencia decisiva en hacerle especialmente sensible o vulnerable a la atención y el cuidado personal de la pareja. De alguna manera, si no percibe continuas muestras de implicación y solicitud hacia él se siente mal, se teme lo peor. En el caso de Marina esas sensibilidades o vulnerabilidades parecen tener que ver con el peligro que representa para ella la dependencia (financiera, afectiva, personal, etc.). "Nadie debe pagar mis facturas", es su divisa, pero eso solo se alcanza con la seguridad laboral, lo que supone más y más implicación en el trabajo, en especial cuando resulta tan exigente. Y en el interjuego que se da ahora por esas vulnerabilidades de cada uno se fragua la desavenencia, al exacerbarse la posición de cada uno. Así, mientras Pedro la ve más y más absorbida por su trabajo, más y más frío se pone con ella y menos la apoya; en respuesta, Marina se muestra menos cercana y más distante con él, lo que intensifica los temores de Pedro. En esta trampa diádica parecen haber caído los dos.

Después de la primera sesión conjunta, las dos sesiones individuales y el análisis de los datos que los cuestionarios completados pueden aportar, es probable que el terapeuta cuente con la suficiente información para llevar a cabo una formulación del caso útil y pueda, así, orientar a los clientes a través de la devolución de esa información —en la sesión de *feedback*— y proponer una próxima reunión conjunta con la pareja. A modo de guía, el terapeuta de la TIP puede servirse de las siguientes preguntas[33] para considerar si da por concluida la fase de evaluación o debe aún indagar más. Tener respuesta para estas cuestiones, implica que puede ya explicar a la pareja cuál es la situación en ese momento, qué están haciendo para perpetuar el problema y qué podría proponerse para salir de esa situación tan dolorosa:

1. ¿Cuál es el nivel actual de tensión y malestar de la pareja?
2. ¿Cómo están de comprometidos con la relación?
3. ¿Qué cuestiones los separan y enfrentan?
4. ¿Por qué estas cuestiones son un problema para ellos?
5. ¿Cuáles son esos puntos fuertes de la relación que les mantienen juntos?
6. ¿Qué puede hacer el tratamiento para ayudarles?

Para un terapeuta de pareja con cierta experiencia seguramente no encuentre problema en dar respuesta a la primera y segunda de estas preguntas. Las discusiones —más explícitas o más solapadas— son detectables directamente cuando la pareja está interaccionando frente a un profesional. De algún modo, ambos cónyuges *representan* sus problemas ante el psicólogo en cuanto están juntos. De forma no muy consciente, y habitualmente de manera genuina, dado el mal clima que se genera entre ellos

---

[33] Adaptado de Barraca (2016, pp. 64-66).

cuando tocan temas delicados o que los enfrentan, las discusiones aparecen en las sesiones conjuntas. Si se acude a un profesional, se desea que este cuente con los datos precisos para recibir su ayuda y la mejor manera para transmitirla no es tanto exponer esos problemas cuanto exhibirlos. Así que, tras pasar unas horas juntos hablando de lo que les enfrenta no es difícil para el terapeuta determinar el nivel de tensión actual de la pareja y cuál es su nivel de compromiso en comparación con el de otras parejas.

Como se ha dicho, un apoyo está en las puntuaciones de los cuestionarios, gracias a los cuales se puede comparar a la pareja con las integradas en los baremos. En particular, para ver el nivel de conflicto actual de la pareja, se puede recurrir a cuestionarios ya citados, como el DAS y el FACP. El primero, el DAS, permitirá reunir datos del grado de consenso, satisfacción, expresión de afecto y cohesión de la pareja que expresa cada cónyuge. Como existen adaptaciones al español y baremaciones completas[34] que permiten comparar las puntuaciones con las de una muestra extensa, el grado de los problemas de la pareja será fácilmente contrastable con el de la población. El último ítem del DAS es una pregunta directa sobre el nivel de compromiso actual de la pareja con la relación y hasta qué punto está dispuesta a luchar por conservar la pareja. Por su parte, el FACP, por su completo desglose de áreas e interacciones positivas y negativas en que puede involucrarse la pareja, está también orientado al

---

[34] Cano-Prous et al. (2014).

análisis cualitativo, lo que permite al terapeuta disponer de un compendio bastante amplio del conjunto de problemas que muestra la pareja y así mismo de sus puntos fuertes y que se han mantenido a pesar de las dificultades para ofrecer gratificación a la pareja, lo que da respuesta también a la quinta pregunta planteada anteriormente.

Los cuestionarios pueden ofrecer, además, noticias sobre un tema que siempre debe ser investigado en las sesiones individuales y que es el de la posible existencia de violencia doméstica. Hay varios instrumentos que preguntan directamente sobre esto, como el ya mencionado CTS. Sin embargo, como esta escala aún carece de adaptación en España, puede recurrirse al *Cuestionario de Pareja*[35] que, además de otras cuestiones, contiene algunos ítems que permiten valorar esta situación de violencia y estimar su gravedad.

Contestar a la tercera y a la cuarta pregunta del listado anterior supone que el terapeuta ha logrado identificar lo que en la formulación del caso de la TIP se conoce como *el tema* o *la temática*; esto es, las cuestiones fundamentales sobre las que gravitan los problemas de la pareja, y que constituyen *clases de respuestas* que agrupan discusiones aparentemente desconectadas de aquellos. Estos problemas lo son realmente para la pareja porque tocan vulnerabilidades o temas sensibles para cada uno por su historia personal evolutiva o relacional (por ejemplo, por reacciones que se vieron en casa, trato que sus padres se dispensaban el uno al otro, comportamientos y vivencias

---

[35] Christensen (2009). Traducción de Barraca (2015a).

de relaciones de pareja que se han mantenido previamente, etc.). La respuesta a la cuarta pregunta también implica un conocimiento sobre los procesos de interacción actuales de la pareja, los cuales, en esa formulación que se planteará más adelante, se relacionan con fenómenos interactivos conocidos en la TIP como coerción, polarización o trampa mutua. Este tipo de reacciones aluden a cómo maneja la pareja las diferencias mutas. Esto es importante porque, de acuerdo con la TIP, el problema no radica en las diferencias de la pareja, sino en gestionarlas inadecuadamente, como ya comienzan a apreciar Pedro y Marina tras sus sesiones con Cristina. Otro apoyo para recabar datos sobre las cuestiones que separan a ambos, puede serlo la información extraída de otro instrumento: el *Cuestionario de áreas problemáticas*[36] que acoge un listado de las áreas problemáticas más comunes o áreas de habitual desacuerdo entre las parejas y en el que ambos miembros deben identificar la intensidad o grado de su desacuerdo. Este instrumento se puede también combinar con otro más extenso y detallado que actualmente está en proceso de adaptación, como es el ACQ[37].

Si se tiene una respuesta para la pregunta quinta, entonces la psicóloga también podrá recurrir a la evocación de esos puntos fuertes para motivar a la pareja en los momentos de sufrimiento o bloqueo, y demostrarles que, al

---

[36] Heavey, Christensen, & Malamuth (1995). Traducción de Barraca (2015a).
[37] ACQ: Areas of Change Questionnarie (Laspra-Solís, en preparación).

menos, parte de los motivos por los que decidieron a formalizar su relación y fueron causa de su mutua atracción se mantienen en la actualidad y pueden seguir constituyendo una fuente de gratificación. Pero algunos otros motivos o razones de su atracción con el paso del tiempo pueden haber acabado por conformar, paradójicamente, un argumento de malestar y duda respecto a la relación en la actualidad. Precisamente, la TIP trata de hacer ver que este proceso es corriente: que lo que era diferencia (y podía resultar incluso atrayente) al final se ha acabado por juzgar la causa de la mala situación actual. La terapeuta durante el proceso de evaluación recaba estas diferencias y las reconceptualiza para que también puedan terminar por verse como puntos positivos de la relación. Así, por ejemplo, Pedro y Marina son distintos respecto a la manera de organizarse: él es más espontáneo, ella más planificadora y volcada en el deber. Pero si ella sabe aprovechar la mayor naturalidad y tranquilidad de Pedro, y él la capacidad de organizarse y gestionarse de Marina, ambos saldrán muy beneficiados: se convertirán en mejor equipo. Pero, además, los puntos fuertes de la pareja permiten saber qué hacen para permanecer juntos a pesar de las tensiones, lo que les conectará con valores importantes que siguen teniendo en común (creencias, actitudes, estima por ciertas cosas, metas compartidas, etc.), que bien pueden constituir claves de por qué dos personas permanecen unidas. De hecho, Pedro y Marina saben que comparten una manera de ver el mundo y que eso representa un gran capital común.

Finalmente, con todo lo que ya se ha recogido es probable que la terapeuta pueda responder con seguridad a la sexta pregunta y determinar si la TIP es la intervención más conveniente para ellos, si hay otros problemas que deben priorizarse sobre la terapia de pareja (por la existencia de graves trastornos en uno de ellos, por infidelidades presentes, por violencia doméstica, por adicciones, etc.) o si ella misma cuenta con la experiencia profesional y la preparación para llevar un caso como el que se le presenta. Y, más aún, los datos recabados deben haberle permitido saber no solo la pertinencia de la TIP, sino qué técnicas más concretas son las que van a permitirles una ayuda mejor o por qué componentes de la terapia resulta más adecuado empezar (por ejemplo, por las técnicas de cambio o las de aceptación). Llegados a este punto y preparada la explicación que les brindará, puede empezar la siguiente fase de la terapia: la correspondiente a la devolución de los problemas a la pareja y la forma de resolución de acuerdo con la TIP, que se les va a ofrecer como opción terapéutica.

3. SESIÓN DE DEVOLUCIÓN

Poniendo en común lo evaluado (Sesión 4)

—Celebro volver a veros. ¿Qué tal ha ido la semana? —empezó Cristina, sonriendo a Pedro y a Marina.

—Ha ido bien —contestó Marina, y Cristina en seguida notó lo automático de la respuesta.

—Vale, ¿qué cosas han pasado? Me gustaría saber qué ha sucedido a lo largo de la semana.

Ambos empezaron a contar que se notaban algo más calmados: ella pudo centrarse algo más en el trabajo, y él no parecía estar tan 'a la que salta'.

—Creo que al hablar las cosas aquí contigo hemos ventilado algo de presión —dijo Pedro— y..., bueno, al menos yo he notado que estoy cansado de que ocurra lo mismo de siempre.

—Sí —continuó Marina— yo también noto algo así, aunque también es raro... lo hablamos ayer precisamente.

Marina comentó que ambos charlaron sobre la terapia y sobre cómo se sentían; repitió que se veían algo raros, extrañamente tranquilos... pero, a la vez, un tanto escépticos, como si estuvieran ante una tregua frágil.

—Sí. Es curioso, ¿verdad? Es muy posible que vuestra dinámica haya cambiado ligeramente estos días y, al notarlo, os sintáis extraños. Es muy bueno que lo veáis, es parte del proceso y suele ocurrir. No obstante, también es muy cierto lo que decís: no hay que echar las campanas al vuelo, estos cambios positivos antes de que hayamos podido trabajar solo pueden ser temporales.

—Incluso... —añadió Marina mirando ligeramente a su compañero— el otro día él tuvo un detalle muy bonito. Cuando llegué a casa tenía la cena hecha y se ofreció darme un masaje. Me quedé sorprendida, ya no me lo esperaba en absoluto.

—Suena muy bien tal y como lo cuentas. ¿Qué te parece a ti, Pedro?; ¿cómo te sientes escuchándole decir eso?

—Pues bien, claro... quiero que ambos recuperemos esas cosas.

—¿Hacía mucho tiempo que no compartíais algo así? —preguntó Cristina.

—Sí... yo misma pensé la de tiempo que hacía que no tenía un detalle así con él... me dio pena.

—Es muy bueno que comentemos esto, creo que es importante. Como os dije cuando os vi, en estos primeros días podrían mejorar algunas cosas, pero sería pronto para creerlas estables. ¡Aunque está muy bien que lo disfrutéis, claro! En la reunión de hoy, pondremos en común el resultado de la recogida de datos de las sesiones anteriores. Ambos habéis puesto mucho de vuestra parte y gracias a eso he podido obtener una valoración muy útil, que sin duda ya de por sí os servirá para tomar decisiones y mejorar vuestra relación.

Cristina empezó reflejándoles el coste que estaba teniendo para sus vidas la situación en la que se encontraban.

—Sé que ambos estáis cansados. Pero ¡ojo! no estáis cansados del otro: tenéis muy claro que estáis cansados de la situación en la que os encontráis. Algo que me habéis transmitido de manera común es que queréis salir de ahí, y que simplemente no habéis encontrado la manera de hacerlo. Parece que coincidís en esto, aunque es posible que yo pueda estar equivocada. ¿Cómo lo veis vosotros?

—Es tal y como dices —confirmó por su parte Pedro, y Marina participó asintiendo.

—Además, esto también está teniendo un coste grande en vuestras vidas, aparte de la pareja. Marina, a ti te cuesta cada vez más centrarte en el trabajo, que ya de por sí exige lo suyo; incluso los pequeños descansos que tienes, o los momentos con amigas y demás, se te evaporan por este problema. Y Pedro, tu situación actual de desempleo resulta complicada, y se hace aún más pesada por el propio malestar de vuestra relación.

En el breve silencio que siguió antes de que Cristina continuase, la pareja mantuvo la mirada baja. Si la sensación de derrota se materializase, esa sería una de sus mejores ilustraciones. Cristina no necesitó preguntar.

—Me consta, por lo hablado con ambos, que queréis seguir adelante, y poner cada uno de vuestra parte: eso lo tenéis claro y resulta admirable. Ya sabéis muy bien los dos que no será fácil, pero aun así, os merece la pena: aquí estáis. Vuestras respuestas en los cuestionarios reflejaron justo esto también. Dejad que os las mencione con más detalle. —Cristina sacó entonces los cuestionarios que ambos habían completado. Les dijo que habían dado respuesta a un test muy conocido y empleado en los casos de discusiones de pareja. Les dijo que se denominaba DAS (Escala de Ajuste Diádico). Las puntuaciones en centiles (de 10 a 100) de Pedro fueron: Consenso=40; Satisfacción=20; Expresión de Afecto=30; Cohesión=30. Y las de Marina: Consenso=30; Satisfacción=10; Expresión de Afecto=20; Cohesión=30. Cristina las tenía escritas a mano en los mismos cuestionarios. Les comentó que esas puntuaciones eran propias de una pareja que está pasando por dificultades, pero no eran ni mucho menos de las peores; que era normal que no coincidiesen entre ellos en varios de los aspectos; y que, al acabar la terapia, si todo transcurría adecuadamente, volverían a completar esta prueba y podrían comprobar cómo las puntaciones habrían mejorado sensiblemente.

—Pero un detalle importante es que, en el último ítem, en el que se pregunta específicamente por lo que uno está dispuesto a hacer por la relación, vuestras puntuaciones han sido semejantes. Los dos, sin saberlo, habéis respondido: "Deseo de veras que mi relación progrese de forma satisfactoria y haré todo lo que pueda para que así sea".

—...ya... lo recuerdo. Y me alivia que Pedro también respondiera eso mismo, pero es que no entiendo por qué si los dos lo queremos no podemos simplemente ser felices —se lamentó Marina—. ¿Tan mal lo estamos haciendo?

—¿Sabes? Que te hagas esas preguntas es lo más normal del mundo. Todos nos las hacemos cuando nos encontramos en situaciones complicadas; ¡no nos explicamos qué está pasando, ni cómo! Pero dime una cosa, Marina, y ya te advierto que esta pregunta puede sonar extraña e incluso algo boba, pero ¿en algún momento has querido tener una relación que vaya mal?

—Pues no, claro que no.

—Vale, era obvio, claro, y Pedro seguro que tampoco. Ninguno habéis querido estar en esta situación. Pedro, dime una cosa, ¿alguna vez te has perdido mientras conducías a algún sitio?

—Sí, a veces me pierdo hasta con el GPS, vaya.

—Marina, crees que cuando Pedro se ha perdido conduciendo, ¿era que quería perderse?

—No.

—¿Qué pasaba entonces?, ¿cómo acababa perdido?, ¿por qué no podía simplemente encontrar el camino que estaba buscando?

—Pues... supongo que porque sería la primera vez que iba a esos sitios, no sé, o porque se distraía.

—¡Bien! A veces las personas acabamos en sitios distintos de los que queremos ir. Y es muy posible que eso ocurra simplemente porque estamos aprendiendo, nos equivocamos... nos perdemos, aunque no queramos. Y, claro, siempre que deseamos avanzar, en un viaje o en una relación de pareja, podemos perdernos, ¿sabes? ¿Eso significa que algo esté mal o que no podamos seguir avanzando?

—No, por supuesto... no lo había visto así, la verdad —reflexionó Marina.

—¿Cómo lo ves tú, Pedro?

—Lo que quieres decir es que, bueno, que queremos hacerlo bien, y que lo hemos hecho lo mejor que hemos podido dada nuestra situación, ¿verdad?

—Justo, por eso quiero que veamos de manera minuciosa las maneras que ambos tenéis de desviaros de ese camino que queréis recorrer juntos.

En las sesiones anteriores con cada uno, Cristina había podido examinar las estrategias que ponían en marcha tanto Pedro como Marina; hablándolo con cada uno, les reflejó qué era lo que no marchaba bien para hacerles sentir unidos o para mejorar la calidad de su relación, por lo que luego pudo comentarlo con ambos delante.

—Cada uno ha intentado gestionar esto a su manera y, como decíamos antes, ninguno tiene la culpa. Es, simplemente, que no ha funcionado; vosotros mismos os habéis dado cuenta. Marina, has aprendido a mostrarte fría y distante con Pedro, y Pedro, has aprendido a discutir con ella y devolverle la pelota cuando está así; por otro lado —mientras le miraba a él—, si a ella le cuesta expresar lo que siente, a ti te cuesta mostrarte amable; cuando Pedro —dirigiéndose ahora a Marina— no aprovecha el día, tú le dices todo aquello en lo que falla; y por último, si tú, Marina, anticipas ciertas cosas como si ya hubieran ocurrido, Pedro, tú contestas a eso con palabras poco agradables.

Cristina les dejó asimilar sus palabras durante unos minutos: era consciente de que ambos sabían el efecto que esos comportamientos tenían en su unión, y vio muy útil que se vieran a sí mismos compartiéndolo.

—¿Vosotros lo veis así?

—Sí —dijo Marina—, ¡pero es que muchas veces es imposible no caer en esas cosas!

—A ver, imposible... no es... —intentó matizar Pedro.

—Es bueno que lo comentemos. Pedro, ¿qué te hace ver que sí se puede conseguir? —Cristina vio una buena oportunidad para que la pareja hablase sobre ello.

—Lo veo chungo... pero no imposible; Marina, imposible es una exageración, ¿no crees?

—No, Pedro, yo solo quería decir que me parece muy difícil... —terminó con un resoplo.

—Esto es importante, Marina. ¿Cómo te has sentido cuando Pedro se ha explicado?

—Me he sentido poco comprendida, ¡claro que no lo veo totalmente imposible!, únicamente quería decir que sé que nos va a costar; a veces me gustaría que él no se tomase mis palabras de forma tan literal.

—Bien, estamos aquí para todo esto. ¿Cómo te has sentido tú, Pedro, cuando ella ha dicho que es imposible?

—Me ha sentado mal, porque era como si dijera "contigo es imposible" —Pedro se dio cuenta aquí de algo importante, e inmediatamente lo comentó — ...pero es verdad que ella no ha dicho eso...

En ese momento, él recordó las pocas veces que se paraba a escuchar lo que Marina realmente quería comunicar, y se dijo a sí mismo que debía prestar algo más de atención. Quizás había aprovechado tomar las cosas de manera literal, tal y como le salían cuando las decía Marina, para atacarla.

Los tres estuvieron de acuerdo en que usaban estrategias que les polarizaban: su relación parecía una encarnizada batalla entre dos bandos.

El conflicto estaba claro, ¿pero cuál era la chispa, el detonante? Aquí Cristina aportó una visión muy útil.

—Hablando con ambos he podido ver que no siempre ponéis en marcha esas estrategias. Pero hay momentos en los que ambos parece que entráis en un campo de minas particular... y..., claro, las probabilidades de pisarlas y que estallen son grandes. ¿Lo veis como yo?

Ambos coincidieron con Cristina: había temas concretos que les predisponían a la batalla. Ella les invitó a hablar sobre eso.

—Es verdad que cuando yo siento que Pedro no tiene en cuenta mi situación y no me ayuda —empezó Marina— ya me indispongo contra él; sobre todo en momentos en los que llego a casa cansada... o cuando tenemos que tomar alguna decisión sobre algo que veo que no le apetece mucho. Creo que esos momentos hacen que estallemos —terminó mirando a Pedro con tristeza y, quizás, cierto cariño.

—...ya... creo que a mí me pasa lo mismo, cuando estás trabajando o te veo ocupada, o que llegas de fuera y no me prestas atención, ahí soy yo quien piensa que tú no me tienes en cuenta.

—¿Creéis que esas situaciones en las que disparáis el uno al otro son como esos campos de minas?

La pareja estuvo totalmente de acuerdo: cuando la profesional les puso delante, con las palabras adecuadas, las situaciones en las que se enredaban, lo vieron muy claro. Entonces comprendieron que sería bueno prestar atención a las siguientes veces que se encontrasen en esas situaciones.

Hablaron a continuación del resultado habitual de sus batallas:

—Pedro, Marina, ¿cómo acaban estas discusiones? Cuando os enredáis en esos comportamientos ¿hay un ganador?, ¿es bueno a la larga?

—Siempre es malo —dijo Marina— al final está claro que estamos peor.

—Puede que uno se crea que se sale con la suya durante un tiempo, pero... ¡bah!, no nos engañemos: nadie gana. Y estoy de acuerdo con Marina: yo creo que ambos perdemos y cada vez es peor. Pero en esos momentos es muy difícil hablar o dar el brazo a torcer.

Cristina les preguntó, y tanto Pedro como Marina se manifestaron conformes en que estaban muy cansados de esas dinámicas.

—Es bueno que esto salga. Existen realmente estrategias y habilidades en las que podremos trabajar para conseguir tener una buena relación; de hecho, hay muchas que ya habéis puesto en práctica en el pasado, ante situaciones complejas. Marina, ¿te acuerdas cuando mostraste apoyo a Pedro en ese momento en que fue estafado por la compra de internet?, y Pedro, ¿te acuerdas cuando la acompañaste a ella en el fallecimiento de su tío?, ¿qué batalla hubo en esos momentos?

—Pues... ninguna —contestó Pedro.

—¿Sabéis? Aquí voy a estar en desacuerdo con vosotros: creo que sí que estabais en una batalla, solo que no era entre vosotros. Estabais luchando juntos en el mismo bando ante amenazas que habíais decidido afrontar unidos: Pedro, tú quisiste estar al lado de Marina frente a su dolor por la pérdida; Marina, tú quisiste estar al lado de Pedro frente a su frustración por la estafa. Quizás habéis olvidado el radar o, mejor dicho, habéis desviado el objetivo y os estáis enfrentando entre vosotros, pero... venga, decidme, ¿a qué queréis enfrentaros?

—A todo este malestar —contestó de nuevo Pedro.

—¿Y cómo vais a hacerlo? —preguntó Cristina mirando a Marina.

—Unidos, sí... como antes... aunque cueste, es lo que queremos —declaró ella, mirando a su pareja.

—Celebro ver que estáis unidos frente a esto. Como bien os decía al principio, parece que hemos llegado a estas conclusiones, que son prácticas, como estáis viendo por vosotros mismos. Con todo esto, puedo haceros una propuesta de tratamiento, que os explico a continuación.

Cristina apoyó su explicación con un esquema (Figura 2) que iba rellenando sobre la marcha en un folio.

—El principal problema que existe en vuestra relación es la separación y desunión que experimentáis cuando ambos reaccionáis de forma visceral ante determinados temas y situaciones. Hay temas que os hacen sentir muy mal, unos en tu caso Marina, y otros en el tuyo, Pedro. Pero el problema de verdad no son esas situaciones o temas; el problema es *cómo* reaccionáis ante ellos, como os acabo de decir, por ejemplo, echando en cara al otro su comportamiento, mostrándoos distantes, dirigiéndoos palabras duras. Y todo esto una y otra vez repetido conduce a un sentimiento de indefensión, de impotencia, de frustración, pues no se le ve salida. Al contrario: cuanto más hace uno en ese sentido, más se complica la situación. Pero esto tiene solución, y la terapia de pareja está especialmente indicada en estos casos.

Figura 2. Modelo explicativo de las dificultades de Marina y Pedro

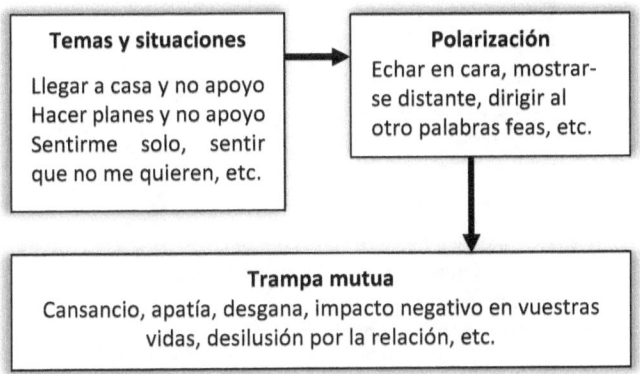

El tratamiento consiste en tener sesiones semanales en las que comentaremos las discusiones que tenéis durante la semana y los momentos conflictivos, y viendo las cosas con otra perspectiva podremos darle solución entrenándoos en habilidades de unión, comprensión, comunicación y empatía, para que el resultado sea recuperar vuestra sensación de equipo y de bienestar como pareja. Os lo represento ya completado del todo en esta figura (Figura 3).

Figura 3. Propuesta de la TIP para los problemas de Marina y Pedro

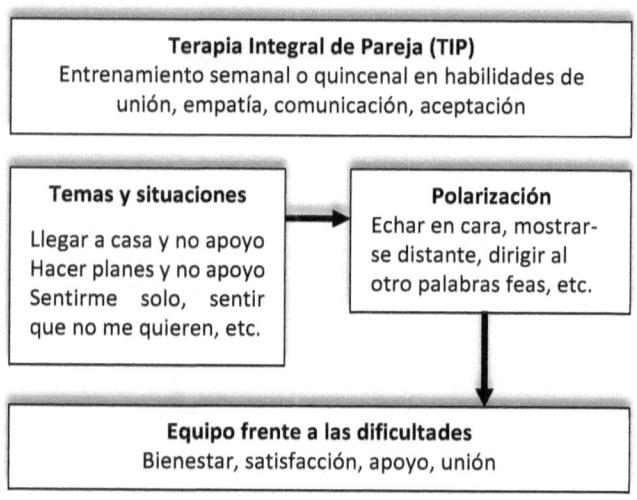

—Por favor, preguntadme todas las dudas que tengáis.

Tanto Pedro como Marina comprendieron el planteamiento y vieron la utilidad de las sesiones anteriores: veían con mucha más claridad que el problema radicaba en las conductas de ambos. Esto les movió a interesarse por el tratamiento y preguntar algunos detalles que desconocían.

—Has dicho que serían sesiones semanales, ¿cuántas sesiones serán necesarias?

—Muy buena pregunta, Pedro, porque así podéis hacer una previsión; me encantaría daros un número fijo, pero eso sería arriesgarme mucho y ofreceros falsas expectativas. Lo que sí que puedo deciros es que las parejas que han venido a un mínimo de diez sesiones han experimentado mejorías; esto significa que es muy poco probable que con menos de diez el trabajo aquí el tratamiento os sirva de verdad, ya que podéis experimentar ligeras mejorías transitorias que no tengan nada que ver con solucionar la verdadera causa, como seguramente ha pasado los días anteriores a venir hoy. También os puedo decir que las parejas que más se han beneficiado de esta intervención han sido las que han acudido durante una veintena de sesiones, aproximadamente. Eso sí, si bien al principio conviene que las sesiones sean semanales, conforme avancemos es bueno que se vayan espaciando, teniendo una sesión cada dos o tres semanas, por lo que el tiempo se verá dilatado a lo largo de varios meses. A muchas parejas, esto les viene también bien con el pago de los honorarios.

—La verdad es que nos preocupa, pero creo que con tu ayuda y nuestro trabajo sacaremos buen partido de esta inversión —añadió Marina.

Cristina le comentó que en cualquier caso seguro que ya se beneficiarían en alguna medida con lo que habían oído aquel día, pues casi todas las parejas obtienen una información valiosa por el mero hecho de recibir el *feedback* que les había dado.

—Con estos datos, podéis tomar decisiones más fácilmente. Ante todo, quiero que os sintáis libres, por lo que es bueno que dediquéis unos días a pensar si queréis iniciar el tratamiento, que lo habléis, que lo sopeséis en casa, ya con algo más de distancia y tiempo. Soy consciente de que embarcarse en un proceso así requiere determinación y voluntad, y no debe tomarse a la ligera: siempre es preferible un inicio lento y sólido, que uno rápido y con dudas. Tomaos los días que necesitéis, y si estáis preparados, me encantará ayudaros. Por el tiempo que hemos pasado juntos sé que podéis beneficiaros muchísimo.

Tanto Pedro como Marina recibieron muy bien este último punto: no querían ir con prisa, y Cristina mostraba un claro respeto por su relación y por su libertad de elección. Sin duda, habían elegido a una gran profesional.

Ambos se marcharon ese día con una nueva perspectiva, que aún necesitaba tiempo para asentarse. Pedro y Marina hablarían de ello y tomarían una decisión sobre la terapia, lo cual les supondría una oportunidad perfecta para reencontrar esa unión y ese apoyo que echaban de menos.

Cristina, satisfecha del buen resultado que entre los tres habían conseguido, se preguntó qué pasaría los siguientes días...

***

La sesión de devolución o *feedback* —habitualmente la cuarta ocasión en que se ve a los miembros de la pareja, tras la primera sesión conjunta y las dos individuales— es crítica para el desarrollo de la terapia. En esta ocasión, la terapeuta será más activa y hablará en mayor medida que en las ocasiones anteriores, pues es el momento en que trasladará a la pareja datos concretos sobre su problema, lo aclarará desde el marco de la TIP y adelantará cómo se desarrollarán las siguientes sesiones de tratamiento si ambos desean continuar con la terapia.

Pero no se trata de una mera explicación centrada en el conflicto, no debe parecerse a una clase, sino que transcurrirá en forma de diálogo entre las tres personas, como se ha visto en el caso que sirve de ilustración. Por eso, se preguntará repetidamente por la comprensión de la información que se les ofrece y se animará a la pareja a añadir cualquier detalle o aclaración sobre el contenido. Al fin, nunca se debe olvidar que, aunque la terapeuta sea una experta sobre las relaciones de pareja en general, únicamente los dos miembros poseen todas las claves para esclarecer la situación y son los auténticos expertos en su propia relación. Además, el objetivo de esta sesión no es exclusivamente el de devolver la información, sino que, simultáneamente, debe también considerarse ya un inicio de tratamiento, pues el apoyo a la pareja, la mejoría del clima y el hecho de esperanzar respecto al futuro son también metas de la reunión. Por supuesto, tampoco se trata de describirles con todo detalle la suma de factores que pueden concurrir en su caso y todas las derivadas, sino ceñirse exclusivamente a los aspectos importantes. La sesión de devolución tiene un carácter práctico: no es un compendio sobre los problemas de la relación. Resulta mejor conceptuarlo más bien como un mapa útil para no perderse y llegar donde se desea.

En el caso de la sesión habida con la pareja que ilustra aquí la aplicación de la terapia pueden señalarse los siguientes aspectos:

1. *La sesión se inicia con comentarios sobre lo experimentado los días anteriores a la consulta de devolución:*
Cristina pregunta a Pedro y Marina qué tal les ha ido y cómo se han encontrado. Como se observa, se interesa por conocer sus impresiones y si ha habido algún cambio, alivio o mejoría. Así —como se acaba de ver— inquiere más a fondo sobre el porqué de estos comportamientos o sentimientos, de forma que esta información sirva más adelante para mejorar las claves explicativas. Marina recuerda con agrado el detalle de Pedro de hacerle la cena y darle un masaje. Es una muestra de interés e implicación por la relación y, al tiempo, le sirve para pensar en su propia actitud respecto a la relación ("*... yo misma pensé la de tiempo que hacía que no tenía un detalle así con él...*").

2. *Ambos cónyuges por igual y su interacción es el objeto de interés a lo largo de la sesión:*
En este caso, y a partir de aquí lo será cada vez en mayor medida durante las sesiones de tratamiento, la terapeuta se dirigirá a la vez a ambos y no dejará de pedir que los dos, equitativamente, opinen y confirmen o nieguen lo explicado. Cristina equilibra sus palabras entre ambos, los mira por igual, alternando su orientación, y pone ejemplos de sus actuaciones primero con uno y luego con

el otro (*"estáis cansados de la situación"*, *"Marina, a ti te cuesta... Y tú, Pedro..."*).

3. *Grado de estrés actual de la relación y niveles de compromiso:*

A través de lo observado por Cristina en las entrevistas individuales y de lo recabado a partir de los cuestionarios (DAS) es posible informar a ambos sobre su nivel de compromiso y el grado de estrés existente en la relación. Cuando la terapeuta les habla de su hartazgo de la situación y luego les detalla lo que reflejan las respuestas de los cuestionarios, les regala un índice para que ponderen estos niveles. Al tiempo, les revela que su compromiso con seguir adelante está claro, lo que supone un buen indicador para continuar con el proceso terapéutico de la TIP. Y todo esto otorga una base a la terapeuta para seguir adelante también con su plan de explicarles en esa sesión la formulación del caso que ha pergeñado.

4. *Aclaraciones de su situación, ejemplos didácticos:*

Ante preguntas de la pareja (*"¿Tan mal lo estamos haciendo?"*) Cristina sigue validando sus emociones y la lógica de la situación a la que han llegado. Para desculpabilizar y conseguir un ambiente de trabajo constructivo, usa ejemplos clarificadores (por ejemplo, perderse conduciendo a un sitio desconocido; recordar su comportamiento colaborativo del pasado, hacer gráficos aclaratorios).

5. *La formulación del caso:*

Poco a poco, la sesión de devolución debe aterrizar en una explicación que dé cuenta del punto crítico en que la pareja ha acabado. Esta explicación que se ilustra de nuevo de manera dialogada con ejemplos de sus propias conductas reales y recientes, de modo que ambos puedan reconocerlas, y no tanto con muestras generales o situaciones hipotéticas, servirá para que ambos entiendan que sus diferencias no son las responsables de su malestar, sino que la clave estriba en cómo reaccionan cuando se sienten mal o amenazados por esas diferencias.

De entrada, Cristina ejemplifica varios comportamientos de respuesta negativa mutua en que los dos han caído: "*Marina, has aprendido a mostrarte fría y distante con Pedro, y Pedro, has aprendido a discutir con ella cuando está así; por otro lado —mientras le miraba a él— si a ella le cuesta expresar lo que siente, a ti te cuesta mostrarte amable; cuando Pedro —dirigiéndose ahora a Marina— no aprovecha el día, tú le dices todo aquello en lo que falla; y por último, si tú, Marina, anticipas ciertas cosas como si ya hubieran ocurrido, Pedro, tú contestas a eso con palabras poco agradables.*". En esta intervención, Cristina saca a la luz algunos de los elementos más importantes de la TIP que son centrales en su modelo explicativo: se trata de ejemplos de coerción, polarización y vilipendios.

Básicamente, la **coerción** consiste en criticar a la pareja o actuar de forma aversiva (por ejemplo, quedándose callado durante horas o refunfuñando) para forzar al otro miembro a que acceda a sus deseos. Es corriente que estas

interacciones se hayan ido intensificando progresivamente: por lo general, las primeras muestras de coerción
se toleran y no se reacciona hasta que su nivel ha aumen-
tado ostensiblemente. Por eso, es corriente que no se re-
cuerde cuándo se iniciaron o se consolidaron como forma
de interacción habitual de la pareja. Por otro lado, con frecuencia la coerción no es unidireccional —solo de un
miembro— sino que acaba contestándose con otra coerción, bien del mismo tipo (por ejemplo, gritando), bien de
otro (respondiendo con el silencio, con la retirada o con
el aislamiento). En el caso aquí comentado, la terapeuta
les hace ver que, cuando Marina se enfada con Pedro, opta
por mostrarse fría y distante, a lo que Pedro responde con
otra coerción: comenzar a ponerse desagradable con ella.
Igualmente, si uno de ellos no expresa lo que siente, el
otro se vuelve antipático (Pedro) o enmudece (Marina).

El **vilipendio** se manifiesta cuando los problemas y
las discusiones de la pareja llevan ya tiempo produciéndo-
dose y el clima se ha enrarecido considerablemente por el
uso de la coerción[38]. Entonces, es lógico que ambos
miembros traten de conocer qué razones han provocado
esta situación en su vida en común y una justificación habitual radica en responsabilizar al otro y explicar con un
problema presente en el otro miembro la causa de la situación. Así, en este ejemplo, si Pedro no aprovecha el día,
Marina le tacha de vago; a su vez, cuando Marina anticipa
ciertas cosas negativas de Pedro, es él quien la insulta.
Naturalmente, el vilipendiado considera injustas estas

---

[38] Barraca (2016, pp. 33-34).

acusaciones y se defiende negándolo todo o denigrando al otro a su vez, por lo que ninguno de los dos consigue ningún cambio: Marina seguirá actuando con frialdad y seguirá acusando a Pedro de indolente (explicándose así a sí misma por qué les va mal), y este, con enfado, la acusará a ella de insensible o adicta al trabajo.

Por fin, la **polarización** es otro producto lógico de estas situaciones. Cuando las parejas mantienen patrones de coerción con frecuencia y desde tiempo atrás, y las explicaciones de la situación se basan en vilipendiar al otro, la pareja acaba extremándose y anclándose más y más en su comportamiento y en sus opiniones sobre el otro miembro. Esto significa que ambos empiezan a verse más extremos de lo que en realidad son y a posicionarse de forma más cerril en su propio punto de vista, como reacción ante la postura del otro. Así, Pedro cada vez juzgará a Marina más absorbida por su trabajo, más fría, más crítica con él; y Marina verá a Pedro como alguien que pierde más y más el tiempo, más malhumorado y menos dispuesto a hacerse cargo de su trabajo y apoyarla.

El diálogo que Cristina, Pedro y Marina mantienen justo a continuación es un ejemplo de que hay que aprovechar la misma sesión para obtener más ejemplos de lo que se quiere ilustrar. El mero hecho de comentar si es imposible o no cambiar esos comportamientos sirve para disponer de una nueva muestra de sus polarizaciones, y ambos se vuelven más conscientes —por lo inmediato de clarificar sus sentimientos justo entonces— de que es fácil atacar al otro cuando se toman las palabras literalmente, sin pararse a valorar lo que en el fondo están realmente queriendo transmitir. Se toman entonces los comentarios de la otra persona como medios para tener razón y no para intentar arreglar la situación.

Justo a continuación, Cristina les habla de otro aspecto fundamental, que en la TIP es denominado genéricamente **el tema**. Con este concepto se alude a aquellas problemáticas básicas sobre las que giran mayoritariamente las disensiones de la pareja. Desde un punto de vista de análisis funcional, podría afirmarse que se relaciona con diferentes conductas de enfrentamiento o desacuerdo siempre con una misma función, aunque topográficamente adopten formas o contenidos diversos. Estos temas que "tocan la tecla", que son particularmente sensibles o —como indica Cristina— que parecen un campo de minas, desencadenan inmediatamente una disputa. En general, vienen determinados por las experiencias personales que cada uno tuvo en su familia de origen o en otras relaciones anteriores. De alguna manera, tienen que ver con los puntos vulnerables de cada uno. En el caso de Marina, ella misma reconoce que ya está predispuesta a saltar cuando *"Pedro no tiene en cuenta mi situación y no me ayuda (...); sobre todo en momentos en los que llego a casa cansada, o cuando tenemos que tomar alguna decisión sobre algo que veo que no le apetece mucho".* A su vez Pedro dice que él reacciona así especialmente cuando *"estás trabajando o te veo ocupada, o que llegas de fuera y no me prestas atención, ahí soy yo quien piensa que tú no me tienes en cuenta."*

Por tanto, en el caso de Marina cualquier ejemplo o muestra de no compromiso y comprensión de Pedro es el común denominador de sus discusiones (un tema que podríamos denominar *grado de control y responsabilidad de cada miembro*), mientras que en el caso de Pedro la distancia que percibe en Marina respecto a él sería el detonante (en este caso el tema podría denominarse *proximidad frente a distancia deseada*). Aclarar estos temas y sacarlos a la luz cada vez que haya una discusión será fundamental para que la pareja identifique correctamente y de raíz su problema y ya no reaccionen de forma tan visceral. La TIP es una terapia eficaz porque se dirige no a cada una de las innumerables discusiones particulares que en cada ocasión puedan surgir sino hacia lo que todas ellas tienen en común, que son esos temas clave.

Un último aspecto importante que debe introducirse para llevar a cabo una formulación del caso práctica consiste en hacer ver a la pareja que el resultado de enzarzarse en esos procesos de coerción, vilipendio y polarización es siempre salir perdiendo y no adelantar en la resolución de los problemas. Este resultado se denomina en la TIP la **trampa mutua**. Marina misma lo califica de este modo: *"siempre es malo"*, *"cada vez estamos peor"*, y Pedro *"nadie gana"*.

Las explicaciones de Cristina se vuelven más claras para la pareja cuando se sirve de algunos gráficos sencillos que puede entregarles para que comprendan mejor su situación actual. Esta forma de presentación se utiliza en la TIP, aunque también se puede recurrir a cualquier otro material (libros divulgativos, escenas de películas, guiones, etc.) con el mismo fin. Hay que tener presente que el propósito de los gráficos y/o el resumen no es integrarlo todo —ni, por supuesto, dilucidar todo el conflicto— sino algo práctico: una vía para empezar el tratamiento. Se cumple así otro de los principios de la TIP: el objetivo no es conocer una supuesta *verdad*, sino disponer de un enfoque pragmático y realista para ayudar a la pareja a mejorar.

Por resumir aquí ya sucintamente la crisis de Pedro y Marina de acuerdo con el modelo de la TIP, podría afirmarse que sus problemas son consecuencia de la reiteración de los esfuerzos infructuosos de cada uno (a través de la frialdad, distancia, ataques, críticas, etc.) por salvar las inevitables y naturales diferencias que les afectan emocionalmente porque tocan algún tema sensible propio (vulnerabilidad de Marina hacia la falta de apoyo y responsabilidad de la pareja; vulnerabilidad de Pedro hacia la distancia y frialdad de la pareja). Los intentos de que el otro modifique su conducta para deshacer esas diferencias o desacuerdos se topan una y otra vez con resistencias, lo que renueva sus esfuerzos por cambiarse, bien forzándole directamente (coerción), bien a través de la crítica (vilipendio). A su vez, como estos nuevos esfuerzos levantan más resistencias, la pugna escala progresivamente, en particular ante el aumento de estresores (el desempleo de Pedro, el desbordamiento de trabajo de Marina) y cada uno se posiciona en una forma de actuar más extrema (polarización). La situación al final se convierte en agotadora y desesperante para ambos, ya que nunca se consigue modificar la forma de actuar del otro (trampa mutua) en la dirección deseada. Por eso, la solución que propondrá la TIP consiste en concienciar de este proceso retroalimentado que lleva al bloqueo continuo, y salir de él por otro camino: la aceptación. Cómo lograrlo se ilustrará a lo largo de las siguientes sesiones de intervención.

6. *Recuerdo de la manera de actuar en otros momentos. Los puntos fuertes de la relación:*

Dado que toda esta sesión sitúa en primer plano las frustraciones de la pareja y les pone en contacto con temas dolorosos, es importante que el terapeuta les haga ver que en otros momentos salieron adelante con su apoyo mutuo, su amor compartido y su sentimiento de equipo. Recuérdese que los días anteriores ambos habían estado mejor, esperanzados, aunque eran conscientes de que solo se trataba de un armisticio y no un tratado de paz. Cristina, una vez que les da una explicación completa de su problema, les recuerda igualmente cómo actuaron de otra forma en el pasado: apoyándose con el tema de la estafa que sufrió Pedro o la muerte del familiar de Marina. Esa evocación de una pareja bien avenida y fuerte los prepara para acometer el proceso de tratamiento que seguirá a esta sesión si ambos quieren comprometerse en el proceso.

7. *Plan de tratamiento:*

La información dada en la sesión de la devolución es práctica para la pareja siga o no siga con la terapia. Cristina se lo adelanta ya en los primeros compases de la sesión (*"ya de por sí os servirá para tomar decisiones y mejorar vuestra relación"*), pero más adelante, de forma directa, cuando les expone detalladamente la intervención. Y la explicación de la naturaleza de sus problemas es útil porque si decidieran no seguir juntos, en otras relaciones que pudieran contraer en el futuro fácilmente volverían a caer en los mismos errores (al fin, esas vulnerabilidades o temas sensibles son independientes de la actual relación de pareja); pero también porque si siguen juntos entenderán justificada la aproximación de aceptación que se les ofrece como alternativa y comprenderán cabalmente el sentido de las técnicas que la procuran. Además, tener una información clara y realista sobre cómo transcurrirán las sesiones, indicar que es bueno que se tomen un tiempo para pensarlo, que no se precipiten, y detallar los tiempos si siguen adelante, las dinámicas, los costes económicos, etc. es una forma profesional y deontológicamente adecuada para que las personas puedan decidir de verdad con libertad si seguir o no el tratamiento. El aclarar que tienen que venir juntos, qué se trabajará en esas sesiones y cómo esto redundará en su relación (*"sé que podéis beneficiaros muchísimo"*) supone también una manera de comenzar de forma motivada la intervención y seguir acudiendo por el compromiso que se adquiere.

4. TOMANDO UNA DECISIÓN Y PROBANDO EL TRATAMIENTO

Pedro estaba esperando que Marina regresase de trabajar. Habían quedado en hablar sobre la terapia cuando ella volviese, de manera que pudieran tomar una decisión conjunta.

Había transcurrido casi una semana desde que salieron de la consulta de Cristina. Desde entonces, pensaba Pedro, no habían tenido grandes problemas, como si mantuvieran la tregua extraña que se mencionó en la sesión. Y él sabía que eso no duraría: conocía bien esta sensación pasajera de alivio tras la cual vuelven las dificultades y el malestar. Además, le había quedado claro tras la última visita a la psicóloga que había temas que no se resolverían por ensalmo, sin hacer nada, y menos aún por no querer mirarlos.

Marina había aparcado hacía unos minutos algo lejos de casa, y se dirigía pensando en lo que hablarían ella y Pedro acerca de la terapia. Se había sentido realmente cómoda con Cristina y pensaba que se podrían beneficiar más si trabajaban con ella; ojalá Pedro estuviera de acuerdo, eso le haría sentir que se preocupaba de verdad por la relación. En ese momento, lo último que necesitaba y deseaba era otra discusión.

Llegó a casa, Pedro la recibió cariñosamente dejando el ordenador a un lado; ella puso el móvil en modo "avión": estaba claro que ambos querían centrarse y orientar toda la atención a la decisión que iban a tomar.

—Entonces... ¿tú también lo crees? —preguntó ella tras decirle a Pedro que veía necesario empezar el tratamiento.

—Sí; antes lo estaba pensando y es que hemos estado muchas veces en esa situación... estar mal unos días, después estar mejor y luego hacer como si nada hubiera pasado. Creo que si queremos estar juntos debemos trabajar en mejorar... al menos yo lo veo así.

—Vale, entonces está decidido, llama tú mañana y pide cita —dijo ella.

—¡Ah! ¿Que llame yo?, bueno... creía que esto era asunto de los dos, no sé... —replicó Pedro.

—Claro que es asunto de los dos Pedro. No te entiendo, ¿es que te molesta ser tú quien llame?

—No, no es eso... mira, déjalo, da igual.

—No, ¿qué pasa?

—Que no sé por qué tengo que llamar yo, es como si estuvieras esperando que yo fuera el que diera los pasos, como dudando de mí, o comprobando si realmente me tomo esto en serio.

—No se trata de eso, Pedro... ya estás de nuevo...

—¿Yo? ¡Ah claro! Siempre yo, por supuesto...

—Mira, ya está, llamaré yo...

—No, no, ya está, no; mira, nos estamos enzarzando otra vez —dijo él—. Llamo yo mañana, y cuando vengas de trabajar te digo cuándo nos ha dado cita, ¿vale?

—Como quieras... esto me cansa mucho...

—...

Esa noche, tras la discusión y el correspondiente alejamiento, vieron aún más claro que habían tomado la decisión correcta: necesitaban trabajar su relación con la ayuda de una profesional, porque, aunque tenían información realmente útil, sabían que si no aprendían a ponerla en práctica de poco les valdría.

Empezando el trabajo conjunto (Sesión 5)

Cristina les recibió con la amabilidad que la caracterizaba y una vez sentados los tres empezó a decirles:

—Como os comenté la última vez que nos vimos, el trabajo consistirá en ir abordando problemas y dificultades conforme vayan surgiendo y tratando de asociar esos sucesos con lo que vimos sobre vuestra forma de ser o la historia de vuestras relaciones. Para ello, casi siempre empezaremos las sesiones hablando sobre la semana y las diferentes situaciones que habéis vivido, y practicando algunas estrategias sobre la marcha; de esta manera estaremos entrenando aquí mismo formas de actuar que pondréis en práctica de manera natural en vuestro día a día. Me gustaría preguntaros por la manera en que decidisteis empezar el tratamiento, y si eso supuso alguna dificultad.

Ambos contaron la disputa iniciada cuando llegó el momento de llamar, aunque reconocieron que fundamentalmente estaban de acuerdo.

—Vale, entonces lo esencial parece que fue que, en ese momento, Marina te pidió que llamases y entonces tú respondiste diciéndole que era un asunto de los dos, ¿fue así?

Ambos asintieron.

—Podemos detenernos aquí y trabajar sobre esto si os parece. Será un comienzo esclarecedor. Si recordamos la formulación del problema, veíamos que mientras que Marina se mostraba algo fría, tú Pedro te molestabas y reaccionabas en consecuencia, y eso se ponía de manifiesto sobre todo en determinadas situaciones. En este caso, tú qué le dijiste.

—Algo así como: "Es asunto de los dos". Y "¿Qué pasa, que crees que no me tomo esto en serio?" "Siempre dudando de mí". No serán las frases literales, pero era eso.

—Vale —añadió Cristina—, entiendo que le dijiste eso porque estabas ya con cierta actitud de reproche o reaccionando muy rápidamente. Lo que es normal si suponías que Marina te estaba probando o con una actitud algo dubitativa hacia tu compromiso.

—Sí, supongo que sí.

—Pues te voy a proponer, Pedro, que te pongas otra vez en la situación y evoques lo que sentías cuando Marina te dijo que llamases tú. Pero en este caso quiero simplemente que se lo expreses de una manera distinta, más suave que la que empleaste. Imagínate que tuvieras que enseñarle a alguien una cosa que tuvieras en tus manos, algo muy frágil, muy sensible a cualquier movimiento o corriente de aire, algo como una flor muy delicada que pudiera perder los pétalos al instante. ¿Lo enseñarías con ímpetu y con impulsividad?

—No, claro.

—¿Cómo lo harías?

—Pues... con suavidad, no sé... supongo que tendría cuidado de cada movimiento que hiciera para mostrarlo; abriría la mano muy poco a poco, lo protegería del aire con la otra.

—Vale, te voy a pedir entonces que pongas ese mismo cuidado en las palabras, a la hora de manifestarle a Marina cómo te sentiste cuando ella te dijo que llamases tú.

—Vale, voy a intentar no hacerlo demasiado mal... —dijo mirando a Cristina, que le contestó con una cálida sonrisa y girando la vista hacia Marina—. A ver, realmente sentí que... me sentí triste e impotente... y sentí miedo... ¡Caray! decir esto y hablar así no es fácil, me cuesta.

—Está bien Pedro. Es verdad, no es fácil. Pero estás haciendo un esfuerzo y va a ser productivo. Ahora, ¿por qué no intentas dirigirte a Marina y expresar cómo te sentiste cuando ella te dijo que llamaras tú? Pero mírala a ella.

—¡Uf! De acuerdo —Pedro se giró hacia su mujer—. Marina, cuando me has dicho tan de sopetón que llamara yo a Cristina para seguir las sesiones me ha dolido, me he sentido mal, triste. He pensado que tenía que ser yo quien se preocupase de arreglar esto, yo solo, que era únicamente cosa mía, como si yo fuera el responsable de todos nuestros problemas.

—Marina, ¿qué te parece la manera en que Pedro te está diciendo esto?

—Pues... veo que la cosa le importó mucho más de lo que yo pensaba, quizás fue mi manera de decirlo, no lo sé... Pero no es verdad que yo piense eso, se equivoca.

—Luego hablamos de si se equivoca o no. Dime o, mejor, dile a él cómo te hace sentir que te diga esto.

—Veo que... es raro, siento... siento que es el "verdadero Pedro", aunque muy pocas veces haya hablado así, pero es como si estuviera explicándome algo muy importante para él.

—¿Te gusta?

—Sí, mucho más... creo que si me hablase así yo misma me daría cuenta de que igual digo las cosas un poco regular... y quizás tenga que pararme más antes de soltar cualquier frase así secamente y sin más.

—Eso es un buen punto, quizás sea bastante útil, lo iremos viendo. Ya sabemos que la manera que tenemos de expresarnos y comportarnos está en nuestra historia, en las cosas que hemos vivido. Pedro, ¿crees que te ayudaría saber por qué Marina te pide las cosas así?

—Supongo que sí, yo mismo hago cosas que tengo muy mecanizadas, sé que ella no quiere tratarme mal.

—Vale, Marina, ¿qué te parece si comentas con Pedro por qué parece que a veces le pides así las cosas?

—De acuerdo, aunque no sé si lo va a comprender... pero está bien... Pedro: ya sabes que yo siempre he sido muy independiente, he intentado hacerlo todo yo, y bueno...; mi madre era así, ya lo sabes también, y supongo que yo he aprendido eso de ella... y, bueno, muchas veces, a la hora de pedir cosas, me sale de esa manera, muy mandona, me figuro; me cuesta hacerlo con más delicadeza, aunque me gustaría... Yo no estaba pensando que tenías que ocuparte tú solo del tema de las consultas con Cristina, que yo no iba a colaborar si no veía que tú te movías. En fin...

—¿Cómo te hace sentir que Marina te explique esto así?

—Pues... la entiendo... y se lo agradezco.

—¿Qué ocurre con tu tristeza, fastidio, impotencia, miedo?

—Apenas los noto, se han diluido bastante... he comprobado que ella en realidad no quiere tratarme mal o que yo me sienta así. También entiendo que no es que quisiera probarme, ver si yo estaba realmente interesado en venir aquí o era solo de boquilla.

—Y tú, Marina, ¿cómo estás sintiendo esto?

—Al principio vulnerable, no pensaba que lo fuera a acoger bien... me esperaba otro reproche o similar... pero cuando lo he dicho me he encontrado algo aliviada, y cuando veo que eso puede ayudarle a él y comprenderme, he sentido como si se aligerase una carga muy pesada.

—Me alegra saber eso. ¿Cuál ha sido la diferencia?, ¿qué ha ocurrido en vuestras formas de comunicaros sobre esta discusión?

Marina y Pedro se dieron cuenta de que lo que habían hecho era expresar cómo se sentían en el fondo, sin temor a compartirlo, por un lado, y por otro hacerse entender, aclarar las cosas, y lo habían hecho de manera suave y sin acusarse.

—Perfecto. Esto que habéis hecho en ese momento tiene que ver con comunicarse de manera empática, porque efectivamente ahora os sentís más cerca el uno del otro, unidos, y lo habéis conseguido gracias a haber tenido empatía el uno con el otro. Esta es una de las maneras que podéis empezar a trabajar en vuestro día a día.

Pero ahora me gustaría que comentásemos algunos ejemplos más, ¿de acuerdo?

Cristina les recordó que sus historias predisponían ciertas respuestas casi automáticas, y los animó a que hablasen sobre ello.

—El otro día, durante la sesión, pude ver que en ocasiones soy así contigo porque hay situaciones que me recuerdan cómo se portaba mi padre con mi madre. Veo que ella ha recibido poco apoyo cuando lo ha necesitado, porque mi padre nunca ha tenido iniciativa en nada, ni se ha preocupado por ella de verdad... —empezó Marina.

—Eso nunca me lo habías dicho... ¿crees que te trato como tu padre trata a tu madre? —Pedro estaba algo confuso.

—No, sé que no, pero una parte de mí reacciona como si fuera así, es automático. Cuando veo que algo te cuesta, que no arrancas, que no haces lo que te propones... Yo no quiero reprocharte nada... pero me cuesta mucho —se lamentó ella y siguió—. Ahora lo estoy comprendiendo mejor, Pedro, perdona, es verdad: quería que tú tomases la iniciativa de llamar espontáneamente. Pero no acababa de pasar y yo te respondí secamente. Se ve que en mi cabeza se asoció todo, es como si oyera: '¿Y no va a hacer nada?, ¿va a ser como con su trabajo?, ¿voy a tener que tirar yo sola, de nuevo?'

Ambos siguieron hablando durante unos minutos en el mismo tono conciliador, mientras Cristina se limitaba a observar. Vio que Marina se iba sintiendo más desahogada y que iba siendo capaz de expresarse, y además comprobó que Pedro la escuchaba atentamente. Pedro, por su parte, entendió que tenía delante a una persona con una historia complicada, y que hacía lo que podía con ella; pero también que quería estar bien con él, aunque le costase. Ambos encontraron en ese momento, hablando sobre la historia de ella, un lugar apacible y agradable en el que detenerse el tiempo que hiciera falta. Cada uno supo, conforme hablaban, que llevaban muchísimo tiempo necesitando justo eso.

—A mí me pasa lo mismo... también lo hablé con Cristina —se atrevió a decir Pedro—. Aunque no lo parezca, tengo miedos... muchas veces cuando veo que estás tan implicada en tu trabajo y vienes cansada, pienso que yo no te importo o que no te intereso, que soy algo muy secundario en tu vida... y eso no tiene nada que ver con las cosas que tú haces o con el tiempo que trabajes.

—¿De verdad lo ves así? —Marina estaba aliviada de oír eso porque por primera vez en mucho tiempo no se sintió culpable ante él.

—Sí, no se trata de lo que tú hagas en realidad. A veces creo que daría igual, que yo seguramente me sentiría así hicieras lo que hicieras. Y... bueno, es lo que comentamos, mi madre ya sabes cómo es, algunas veces te he hablado de ello.

—Sí, es verdad, pero no pensé que te pudiera afectar de esa manera o que te importase que tu madre hubiera sido así contigo desde siempre.

A Pedro le costó mucho. En muchas ocasiones no encontraba las palabras adecuadas y tenía que pararse.

En un momento dado, Marina se acercó más a Pedro y le cogió de la mano, mirándole:

—Oye... sé que es difícil para ti... para mí significa mucho esto, significa tanto... —empezaron a brotar lágrimas de sus ojos. —Me haces sentirme muy bien atendida cuando veo cómo te esfuerzas para que te comprenda y no estemos mal.

—¿De verdad te hago sentirte atendida?

Cristina dio el tiempo necesario para que la emoción del momento se respirase, alegrándose por ser testigo de un momento tan bueno para la pareja. Solo cuando ambos volvieron la postura hacia ella, continuó.

—Está muy bien lo que ha sucedido, y estoy segura de que a vosotros también os lo parece. Quiero preguntaros si hacía mucho tiempo que no sucedía algo así, que os sintieseis así de unidos y apoyados, a la vez que comprendidos.

Fueron conscientes de que algunas veces se habían sentido apoyados y unidos, pero nunca como en este momento y menos últimamente.

—Es que nunca habíamos puesto tanta atención, creo, en la manera en que nos decíamos las cosas, y aunque es raro al principio, sienta muy bien —completó Marina.

—¿Creéis que podéis hablar de algún tema delicado, cuando surja, tal y como lo habéis hecho hoy aquí? —preguntó Cristina.

—Será complicado, pero está claro que vale la pena intentarlo —dijo Pedro mirando a Marina.

Como apoyo a lo aprendido en la sesión, Cristina les escribió algo en un folio, que podrían utilizar como recuerdo en su día a día:

DOLOR + ACUSACIÓN = CONFLICTO
DOLOR - ACUSACIÓN = ACEPTACIÓN

—Muchas cosas os pueden causar dolor: un comentario extemporáneo de Marina, una actitud distante de Pedro, pero si a continuación decís: "es una mandona" o "es un egoísta" eso os llevará a una discusión. Sin embargo, el mismo comentario o la misma actitud que intenta ser comprendida y puesta en su contexto llevará a una mayor cercanía y comprensión entre ambos. Sé que cuesta mucho ver esto y ponerlo en práctica ahora mismo, pero os aseguro que os evitará muchos malos ratos.

La sesión terminó con una firme intención, por parte de ambos, de ser más empáticos de ahí en adelante.

Cuando salieron de la consulta decidieron aprovechar que estaban fuera de casa y disfrutaron de una cena tranquila, riéndose cómplices el uno con el otro y de su propia torpeza en alguno de los momentos.

Pero... ¿qué pasaría durante la semana?

***

La sesión de devolución suele tener un efecto característico, como se ilustra también en el caso de Pedro y Marina. Pone a la pareja en una situación de 'espera' o 'expectación'. Ambos se han dado cuenta de que hay una tregua y no han surgido discusiones importantes; no obstante, también son conscientes de que nada se ha resuelto, de que los problemas se hallan aún al acecho para saltar sobre la relación cuando menos se lo esperen. Y, de hecho —como se ve en el tema de la llamada para concertar la cita con Cristina— en un instante reaparecen, a pesar de la buena voluntad y el acuerdo de ambos. Esto debe hacer comprender que, por adecuada que fuera la explicación del profesional y por muy comprometida con el cambio que esté la pareja, la mera explicación de un problema no lo hace desaparecer: es necesario además un trabajo concienzudo y repetido con los orígenes del problema mismo; hace falta el seguimiento de una terapia y eso es lo que comienza a ilustrarse en este capítulo.

Cuando llegan a consulta, Cristina les indica que pueden comenzar a hablar de lo vivido durante la semana, de las posibles discusiones y desavenencias que han podido surgir los días anteriores. Les ayuda indicando un posible tema de interés: la decisión de empezar la terapia. Y en seguida detecta que, efectivamente, surgió un problema por la cuestión de cómo gestionar la cita. En la TIP, como se puede ver por este ejemplo, no hay (ni puede haber, dado el planteamiento) una agenda predeterminada sobre qué cuestiones deben abordarse a lo largo de cada sesión. En su lugar, se aprovecha lo surgido los días anteriores; precisamente, esto es algo que vuelve mucho más natural la intervención, mucho menos artificial, y lo aleja de cualquier cosa que parezca un "entrenamiento" para mejorar, al menos aparentemente. Solo las experiencias reales de interacción en consulta son trasladables de manera natural a la vida diaria de la pareja. Por la teoría de conducta y los conocimientos que se disponen del aprendizaje, se sabe a ciencia cierta que para que un comportamiento se generalice —en este caso, se traslade de la sesión al ambiente cotidiano de la pareja— cuando se está en terapia de pareja no se deben hacer *role-playings*, sino tener experiencias reales. Únicamente así resultará natural que lo vivido en terapia (por ejemplo, una nueva forma de expresarse) se convierta en algo normal para la pareja.

Es importante entender que en las primeras sesiones es muy corriente que sigan surgiendo reproches y recordándose sucesos dolorosos, y que, por ello, se produzcan discusiones enconadas en la misma consulta. Pero todo esto supone una oportunidad para recordar la formulación del problema, volver a explicar cómo ambos afrontan improductivamente sus diferencias y mostrar una alternativa para actuar ante ellas (la que exhibe la terapeuta aquí, por ejemplo), que, al cabo, podrán llevar a su vida y poner en marcha por sí solos.

Puede parecer inadecuado iniciar la terapia afrontando una situación tan aparentemente intrascendente como es la diferencia entre Marina y Pedro por quién era el que llamaba a la psicóloga; sin embargo, es una elección inteligente y útil por parte de la profesional (Cristina afirma que será *"clarificadora"*). Esto es así porque la TIP propone una aproximación progresiva o jerarquizada a los temas conflictivos. Resulta mucho más complicado generar en consulta un clima positivo y de colaboración si se empieza tratando temas muy candentes y extremadamente dolorosos. Solo tras un cierto tiempo de terapia y una mejoría que permita luego adentrarse en la solución de estos problemas habrá garantías de que la consulta acabe resultando provechosa y no se torne un nuevo campo de batalla. No obstante, no se trata de escoger cualquier tema, sino uno que sirva ya de entrada para conectar con la formulación del problema (recordando los temas, las polarizaciones y la trampa mutua) y sus comportamientos habituales.

En el transcurso de las sesiones, se procura que el foco anteriormente centrado en los reproches mutuos y las discusiones se desplace hacia las diferencias entre ellos y, sobre todo, hacia las reacciones (precisamente, por esas diferencias); es decir, hacia los procesos de polarización. Cuando esto se ilustra repetidamente, la pareja puede hacerse más y más consciente de ese mecanismo y, de esa forma, evitarlo en el futuro. Así, sin ninguna otra intervención o técnica pueden empezar a trabajar productivamente por su futuro y ganar aceptación, comprensión mutua y bienestar. Sin embargo, lo más corriente es que el terapeuta tenga que hacer algo más: poner en práctica alguna de las técnicas que ha desarrollado la TIP para la consecución de la aceptación.

En el caso de Pedro y Marina, Cristina activa una estrategia denominada **unión empática**. Es esta la técnica más habitual en la TIP en los primeros compases de una intervención. La unión empática es una de las dos grandes técnicas para procurar la aceptación en la pareja.

Por clarificar ahora el entramado de técnicas de la terapia de pareja, entre las propias de la TIP están las orientadas hacia la aceptación y tolerancia, pero también ha heredado las que se dirigen hacia el cambio[39]. Esquemáticamente se estructuran así:

A. Técnicas de Aceptación y Tolerancia

A.1. Técnicas para el fomento de la Aceptación:
1. Unión empática
2. Separación unificada

A.2. Técnicas para el fomento de la Tolerancia:
1. Destacar los aspectos positivos de una conducta negativa
2. Practicar las conductas negativas en la sesión
3. Fingir en casa discusiones por las conductas negativas
4. Promover la aceptación a través del autocuidado

B. Técnicas de Cambio

B1. Intercambio de conductas
B2. Entrenamiento en comunicación y solución de conflictos

Mientras que las técnicas de aceptación tienen como propósito aumentar la intimidad de la pareja, las de tolerancia buscan ayudarles a sobrellevar mejor las diferencias que cuesta aceptar y hacer que la pareja se recupere

---

[39] Barraca (2015b); Jacobson & Christensen (1998).

antes de las discusiones o los temas dolorosos. Por su parte, las técnicas de cambio buscan una modificación más directa en el agente emisor de la conducta para que su inclusión y cambio lleve a una conducta más colaborativa y eficaz para la comunicación mutua y la solución de problemas que necesitan todas las relaciones.

La recomendación más general es comenzar por las de aceptación, que servirán para casi todas las parejas, pudiendo, en algún caso que se vea necesario, hacer una ampliación posterior hacia las técnicas de cambio. Es cierto que en algunos casos puede comenzarse por las de cambio, pero solo si se trata de parejas muy comprometidas con la relación, normalmente jóvenes o que llevan escaso tiempo con los problemas actuales, y que están convencidos de que tienen que aprender estrategias prácticas y colaborativas para mejorar su relación. Como es menos frecuente que este tipo de parejas acudan a consulta, se entenderá el porqué de empezar más habitualmente por las técnicas de aceptación, como en el ejemplo de este libro.

Cuando Cristina invita a Pedro a transmitir a Marina cómo se sintió con la cuestión de la llamada, no les anuncia expresamente que van a poner en práctica una técnica: directamente les pide que se comuniquen de una determinada manera y luego les pregunta por sus sentimientos y reacciones. Esta forma de presentar las estrategias de intervención las hace mucho más naturales y, en consecuencia, mucho más fáciles de aprender de forma espontánea para luego poder aplicarlas en casa. Son prácticas que les ponen en contacto con sus emociones de forma directa e intensa y pueden ser entendidas como experiencias, vivencias reales que se dan en sesión, lo que facilita en gran medida su propósito de aprendizaje directo, como ya se ha explicado.

Esencialmente, la unión empática (o, más exactamente, la *unión empática frente al problema*) consiste en reformular la cuestión que está enfrentando a la pareja y la conducta molesta del otro miembro desde la interpretación que proporciona la formulación del caso. Así, el acontecimiento negativo se ve como un ejemplo de las diferencias entre ellos y del proceso de polarización. Las reacciones pueden entonces contextualizarse adecuadamente sin caer en acusaciones, en particular conectando con la historia pasada de cada miembro (de la familia de origen, de otras parejas anteriores, etc.).

La mejor vía para la exposición de un conflicto desde la unión empática consiste en pedirles que utilicen un lenguaje atento, suave y profundo por conectar con sus sentimientos; es decir, que hablen desde lo que cada uno experimenta con delicadeza y sin atacar a la pareja. Cristina, la terapeuta, utiliza un símil para inducir desde el principio esa forma de dirigirse el uno al otro (a Pedro: *"Imagínate que tuvieras que mostrarle a alguien algo que tuvieras en las manos, algo frágil, muy sensible a cualquier movimiento o corriente de aire, algo como una flor muy delicada que pudiera perder los pétalos al instante"*). Y él es capaz de identificar y nombrar sus sentimientos (*"me sentí... triste, impotente... con miedo"*). Inmediatamente después de que uno de los miembros de la pareja se ha expresado de esa manera, la terapeuta invita al otro a que diga cómo se siente al oírle hablar así y a que responda en consonancia con ello. Y, como sucede en el caso de Marina, lo habitual entonces es que se aprecie y agradezca esa revelación personal y que a continuación se responda con una contestación igual de delicada (Marina dice justo después: "*igual digo las cosas un poco regular...*"). Por este motivo la intimidad de la pareja se incrementa, ambos se entienden mejor y, en consecuencia, se tratan con más delicadeza.

Para no desviar la atención de los sentimientos que afloran en ese momento, la terapeuta indica que no deben pararse ahora a determinar si uno de los dos tenía una intención u otra o se equivocaba, lo que podría llevar a una discusión fútil y, sobre todo, deshacer el clima de intimidad que se crea con esta intervención (por eso Cristina le dice a Marina: "*Luego hablamos de si se equivoca o no*").

Poco después de la expresión emocional propia, íntima y delicada, la terapeuta orienta la explicación de los sentimientos hacia el origen del conflicto, de forma que se pueda conectar con el *tema* o los *temas* principales. Así, para explicar por qué Marina se expresó de esa manera aquel día y dijo a Pedro sin más miramientos que llamase él, Cristina les señala cómo ha podido influir su propia historia y Marina reconoce cómo sus maneras excesivamente resolutivas y algo autoritarias, aprendidas en su casa, le salen de forma automática. Poco después también dice no desear que se reproduzca ese modelo en su propia relación. Al ponerlo delante, Pedro también es capaz de valorar el esfuerzo de ella por aclararlo y la lógica de que actúe como lo hace. Se evitan así suposiciones sobre la mala intención del otro y se corta la escalada de reproches (vilipendios), que ambos temían y esperaban, por ser su patrón habitual de reaccionar en estas circunstancias.

Cristina acaba una primera muestra de esta estrategia señalando lo que ha pasado entre ambos: cómo su nueva manera de expresarse de forma empática ha relajado la tensión, ha hecho desvanecerse el miedo de ambos y les ha unido algo más. Justo el efecto contrario a lo que sucedía hasta ese momento. Pero se trata solo de una primera ocasión. Para que este tipo de intervenciones tenga efectos duraderos y llegue a convertirse en una forma de comunicación habitual es forzoso practicarla en muchas otras ocasiones. Por eso, les propone a continuación buscar otras situaciones en que esta nueva forma de hablar pueda también entenderse como la más práctica herramienta para mejorar su relación.

Al poner más ejemplos se aclaran mejor los sentimientos y surge nítida la influencia del tema de cómo la madre de Marina no tenía apoyo de su padre, y el deseo de que eso no se reproduzca en su matrimonio con Pedro. También queda más claro el porqué de la sequedad de la frase de Marina cuando se entiende que, sin ser muy consciente de ello, está anticipando una falta de respuesta de Pedro (como sucedía en el caso de su padre). Pero entonces él, en respuesta a esa revelación, se atreve también a hablar del miedo que siente por que Marina esté tan centrada en su trabajo y sus propios asuntos que no atienda ni priorice nada de la relación con él, que es lo único que le queda tras la mala racha laboral y personal. Esto permite entender mucho mejor por qué Pedro se sintió así y percibió tan secas palabras de Marina (ella le exige —sin saberlo— que ayude, que colabore, que no sea como su padre; él siente que ella "tiene muchas cosas que hacer", que "no tiene tiempo para ocuparse de llamar por algo que tiene que ver con la relación").

Durante estas conversaciones, Cristina puede simplemente observar, siempre que ellos se mantengan hablando de un modo mutuamente indulgente; no tiene por qué intervenir si siguen adecuadamente el modelo que les mostró. No obstante, en muchas consultas el terapeuta no tiene más remedio que convertirse en la voz de uno de los miembros, o en los oídos del otro para ser un ejemplo de actuación cuando se trata de mejorar este tipo de comunicación. Al ahondar Marina en sus modelos paternos y Pedro en los suyos y en sus relaciones anteriores, con sus vivencias de soledad y abandono, y cómo influyen todos ellos en el problema actual de la pareja, la profesional puede igualmente recordar cómo esto se mencionó en la sesión de devolución que tuvieron anteriormente, y así conectar de nuevo con la formulación de su problema. Es solo una opción, pero útil si hay un cierto olvido de que distintas conductas giran siempre sobre los mismos goznes.

Como apoyo final para recuerdo de la pareja, Cristina les escribe y explica unas palabras: dolor más acusación es igual a conflicto, pero ese mismo dolor sin acusación es igual a aceptación. Esta sencilla fórmula señala la utilidad de no reaccionar de manera acusatoria por el hecho de estar dolido. Las cosas que dice o hace la otra persona pueden resultar hirientes, pero no necesariamente son un ataque: normalmente tienen más que ver con los propios problemas o vivencias. El estado de profunda emoción al que han llegado Pedro y Marina al hablar tan empáticamente les ayuda a entenderlo y se van de la consulta con la mejor de las disposiciones, sintiéndose de nuevo muy cerca el uno del otro. Van a cenar y se sienten bien, aunque aún no saben si será por mucho o poco tiempo.

Por supuesto, comunicarse de esa forma y aprovechar la formulación cada vez que haya una desavenencia, así como promover unos mensajes no acusatorios y recuperar la historia de aprendizaje y conectarla con la formulación, no garantiza que el otro vaya a incrementar su comprensión y empatía; en otras palabras, no asegura la aceptación. Pero cuando uno ve a la persona que quiere (o, al menos, ha querido) expresarse de ese modo y abrir su corazón, es raro que se mantenga una actitud dura y se continúe criticando o atacando a la pareja. Es más, justo es entonces cuando se frena la polarización, ambos se aproximan y pueden incluso llegar algunos de los cambios deseados (así dice Marina: *"quizás tenga que pararme más antes de soltar cualquier frase así sin más"*, sugiriendo de este modo su propio cambio futuro). El gran secreto de la TIP, que se va revelando poco a poco, es que al dejar de forzar al otro a cambiar o al dejar de acusarle y, en su lugar, aceptar y entender su forma de ser y sus reacciones, se pueden dar también los cambios deseados, pero no por coerción, esto es, obligando o forzando a la otra persona, sino porque cada uno de forma natural y libre decide (¡y consigue!) cambiar. No obstante, este resultado puede tardar en llegar, o incluso no producirse, lo que no quiere decir que no represente una mejora y un gran alivio el entender a la otra persona y hacerse cargo de sus emociones.

5. EMPEZANDO EL TRATAMIENTO

Sesión 6

—¡Qué bien!, ya estáis aquí de nuevo —les saludó Cristina con jovialidad—. La semana pasada os invité a que os prestaseis atención y fuerais empáticos el uno con el otro. Me gustaría saber cómo os ha ido esta semana y si habéis tenido algún momento en el que hayáis puesto de vuestra parte para entenderos al aparecer alguna dificultad.

Empezó Marina contándole algo importante que había pasado. Una compañera del trabajo la invitó a salir con ella y con el resto del equipo, a tomarse algo tras un día bastante duro. Marina pensó que, a pesar del cansancio, le apetecía bastante. Esto, inmediatamente, hizo que saltasen las alarmas: sabía que Pedro la estaba esperando en casa. Otra vez en esa situación. Si salía con sus compañeras, Pedro se enfadaría seguro, y si se negaba a sí misma ese poco de esparcimiento, sería ella la que quedaría resentida con él. Le confesó a Cristina que en esos momentos se bloqueó durante algunos minutos.

Entonces, se acordó de una palabra que sonaba a menudo en las sesiones que habían tenido con anterioridad: unidos. Eso le ayudó a tomar la decisión de llamar a Pedro y compartir con él justo lo que estaba pasando.

—Pensé que... bueno, recordé que una idea buena era hacer las cosas entre los dos, como un equipo, o algo de eso recordaba de lo que hablamos aquí. No sabía lo que me iba a contestar, si soy sincera era pesimista... —se dirigió ahora a Pedro— Creía que me ibas a hablar seco y distante como otras veces, pero la verdad es que me sorprendiste, no esperaba que te lo tomases tan bien, de hecho, ni siquiera me parecía probable que vinieras.

—Vaya, parece que fue un cambio en relación con otras veces. ¿Qué pasó? —preguntó Cristina.

—Bueno, le llamé y le dije que mis compañeras me habían dicho de tomarnos algo, y que me gustaría que él también se viniera.

—Así que le dijiste lo que estaba pasando y le expresaste lo que querías. ¿Qué tal funcionó?, ¿os ayudó?

—Sí, ya lo creo. Pedro me contestó que le parecía bien y que le apetecía, así que le indiqué la dirección y vino cuando nosotras ya estábamos en el sitio. Verle allí me gustó, aunque supongo que para él no debió ser fácil.

—¿Cómo podrías saber si le resultó fácil o difícil?

Inmediatamente, y de manera algo más natural que en la sesión anterior, Marina se interesó y le dijo a su compañero que le gustaría conocer cómo fue para él recibir su llamada y acudir al sitio donde estaba ella con sus compañeras.

—Me gustó que me llamases, eso está claro, pero también me sentí mal, la verdad. Lo primero que pensé es que ya estabas pasando de mí otra vez... pero me di cuenta de que me estaba enredando: tú me habías llamado por si quería ir contigo, y me habías dicho que te gustaría que fuera, eso era lo que estaba pasando. Recordé que tengo que estar más atento a lo que dices sin montarme mi película. Así que, bueno, me arreglé y salí, aunque no me encontrara muy bien. Me costó, es verdad, pero me sentí muy satisfecho de que me llamases e invitases a ir... Me gustaría que fuera así más veces.

—A mí también me gusta, aunque es posible que a veces prefiera salir sola... y eso me preocupa: no quiero que me digas lo que tengo que hacer o que estés esperando a que yo te llame y...

—Vale —interrumpió amablemente Cristina—, aquí está pasando algo importante, me gustaría que le prestásemos atención. Os voy a pedir que habléis de esto, tú, Marina, expresando tu preocupación de una manera no acusatoria, y ofreciendo Pedro escucha y comprensión; es intentar algo similar a lo que ocurrió en la sesión anterior. Vamos a ello.

—A ver...: Pedro, me preocupa que discutamos porque tú esperes algo y yo no lo cumpla... porque quiero que estemos bien y, aun así, a veces las cosas no saldrán como tú quieres, o yo no haré lo que tú deseas; y me gustaría que en esos momentos no tuviéramos discusiones ni malas caras, pero no sé muy bien qué hacer para que eso sea lo que pase, ni cómo podemos conseguirlo.

—Yo puedo aceptar que tú no siempre hagas lo que yo quiero; no se trata de eso, aunque entiendo que pueda parecerlo por las veces que hemos discutido. Es posible que yo te haya dado esa impresión; lo que ocurre es que me siento muy abandonado cuando pasa algo así, y, es verdad, creo que hacer las cosas como se hicieron el otro día, pues ayuda. Ese día tomaste tú la iniciativa, pero me gustaría tomarla yo también, y ser capaz de tener buena cara aunque tú tengas ganas de salir por ahí con tus amigas.

—Me alegra mucho que habléis de esta manera. ¿Habitualmente es así en dificultades comunes que tenéis?

—No, para nada. Entramos casi siempre a discutir; y no salimos de ahí —contestó Pedro.

—Esto es raro —completó Marina.

—¿Qué diferencia veis? Desde fuera se os percibe de una manera muy diferente a cuando antes estabais a punto de discutir.

No supieron contestar bien, y tenían curiosidad por saber cómo les veía ella.

—Os he visto como un equipo, bueno digamos un equipo recomponiéndose. Comentabais lo que cada uno iba a hacer para que la situación mejorase; os he visto, además, hablar de la preocupación de Marina y del malestar de Pedro, que ya sabéis que son temas muy delicados para vosotros, y, a pesar de ello, procurando hablar de forma calmada, viendo qué hacer con ello, en vez de cayendo en ello. Profundizaremos en esto más adelante, porque es una habilidad que tenéis y de la que se puede sacar mucho provecho, aunque ahora aún está en ciernes.

Cristina les invitó a compartir cómo se sentían parándose a hablar así, y ambos estaban de acuerdo: esto era más que preferible; arreglaba las cosas en vez de liarlas. Les costaba, les salía poco natural, pero poco a poco y con su ayuda, estaban aprendiendo a relacionarse de otra manera.

Seguía la sesión y Cristina consideró buena idea preguntarles por situaciones que podrían ocurrir durante la semana y que podrían suponerles un desafío.

—Pues... —empezó Pedro— si salieras con tus amigas y vinieras tarde, realmente me costaría llevarlo. No sé si estoy preparado para eso.

Marina le miró algo desanimada y suspiró. Se hizo el silencio.

Cristina encontró las palabras para ayudarles:

—Ahora estáis en un punto de bloqueo, seguramente resulte similar a otros en los que habéis estado —y cambió el tono de uno más calmado e íntimo a uno más animoso, amable y evocador—. ¡Venga!, ¿qué vais a hacer?, aunque os cueste.

"Qué voy a hacer", pensó Marina, e inmediatamente se le vino a la mente: "¿Qué puedo hacer yo para que estemos más unidos?", y contestó a Pedro:

—Oye... te entiendo, de verdad que sí, sé que te costaría que yo llegase tarde... ¿quieres que hablemos de cómo te hace sentir esto?

—Es que... de verdad que siento que no te importo en esos momentos; y no quiero meter la pata, ni poner caretos ni nada, porque sé que eso solo lo empeora todo... —hablaba despacio mientras le decía esto.

—Sé que no quieres meter la pata, cariño. Está bien —se estaban cogiendo la mano, Pedro parecía compungido—. Te quiero, voy a estar contigo. Y estoy pensando que, si llego a salir, puedo estar en contacto contigo: llamarte, mandarte un WhatsApp, que sepas que no paso de ti.

—Gracias, creo que eso me ayudaría, sí. Pero... no quiero que dejes de divertirte; tienes que desconectar cuando sales. Que pienses que tienes que estar pendiente de mí en cualquier sitio donde pares tampoco es lo que quiero. —Ambos parecían ahora más cercanos y animados por ver que podían dar al menos con posibles soluciones colaborativas.

Cristina dejó tiempo para que esto ocurriera. Pedro se sentía muy poco querido en determinados momentos y Marina poco comprendida, pero estaba claro que aprender a expresarlo de una manera no hiriente y saber qué decir y qué hacer cuando esto sucedía les beneficiaba. Haber realizado una valoración detenida permitía a la profesional ser consciente de esto y conducir a la pareja a la situación que necesitaban.

La sesión de ese día terminó con Marina y Pedro calmados; algo preocupados por los asuntos que sabían que tenían que afrontar, aunque también más unidos ante ellos.

Sesión 7

—¿Cómo os ha ido la semana?

Cristina hizo la pregunta para facilitar el diálogo, pero sabiendo la respuesta por anticipado: Pedro y Marina habían entrado sin apenas mirarse, con un breve saludo. Estaba claro que no había sido una semana fácil.

Esta vez arrancó Pedro:

—Bueno, empiezo yo. Pues mal, estoy muy cansado de esto, yo no tengo por qué sentirme así y tampoco merezco que me traten de esta manera...

—¿Qué? ¡Eso no es justo! —Interrumpió Marina— ¿Tú crees que yo no lo paso de pena?, ¿Qué yo no estoy también cansada con todo esto? No eres el único que se siente como una mierda aquí, ¿sabes?

Se produjo un intercambio de acusaciones y desprecios para contarle a Cristina lo que había ocurrido. Marina había salido con sus amigas, tal y como dijeron en la sesión anterior. Ella lo pasó muy bien. No le llamó, ni le envió ningún mensaje y él se sintió abandonado. Le costó digerirlo, y cuando ella volvió, Pedro explotó... Pero ella atacó para defenderse, recordándole lo que había dicho respecto a que no quería que ella estuviese pendiente de él, y así siguieron...

La terapeuta sabía que este tipo de situaciones sucedía con frecuencia, sobre todo en el momento en el que estaban. La pareja se encontraba en una posición muy buena para aprender: había que aprovechar lo que estaba pasando delante de ella.

—Bien, os voy a pedir ahora que escuchéis lo que me quiero contaros; creo que es muy importante y podremos sacarle jugo a esto que está ocurriendo. Es normal que tú, Pedro, dada tu historia, te sientas abandonado o postergado, de hecho es casi inevitable; por otra parte, Marina, es normal que tú te sientas atacada dado tu propio aprendizaje vital, ¿de acuerdo?

Ambos asintieron levemente.

—Muy bien porque esto ya lo tenemos claro. Ahora, ante esta situación, Pedro, tú te polarizaste al reaccionar de esa manera y echarle en cara que llegase tarde y... ¿qué otras maneras tuviste de polarizarte?

Pedro completó lo que había dicho Cristina: la había increpado, la había acusado de no tenerle en cuenta, de no cumplir sus promesas y había hablado de cómo otras veces había hecho lo mismo. Pedro aludió a eso como maneras de polarizarse, tal y como le pidió la terapeuta.

—Bien, es bueno que lo veas. Marina, ¿qué podrías decirme tú en este mismo sentido?

—Pues... que reaccioné culpándole de ser egoísta, de no tenerme en cuenta y solo pensar en sí mismo, de no importarle si yo lo estaba pasando bien o no, si podía olvidarme un poco de mis problemas y de no alegrarse por mí. ¡Ah! también le solté que parecía haberse olvidado de que él mismo dijo que no pasaba nada si yo no le llamaba.

—¿Así fue como te polarizaste?

—Sí, realmente sí. Me fui al extremo. Todo se lo eché en cara.

—Bien, ¿qué resultado tuvo en ambos casos estas palabras?

Lo que vino después fue claramente peor: caras largas de nuevo, dormir cada uno en un sitio de la casa; un nuevo capítulo de su guerra fría; malestar y desazón.

—Caísteis en esa trampa de nuevo —al comentario siguió un silencio duro. —Mirad, es normal que esto pase, y va a pasar: habrá ocasiones en que caigáis de nuevo. Pero estáis aquí, y... ¿qué vais a hacer? Como sabéis, ante esta pregunta que os hago lo importante no es el qué, es el cómo. ¿Qué os parece si os contáis cómo fue la situación para cada uno?

Cada uno compartió con el otro cómo se sentía al ver que habían caído en lo mismo de siempre. Mirándose, expresaron impotencia, inseguridad, miedo, frustración... de una manera no acusatoria, sino amable. Los dos mostraron su lado vulnerable. Pedro le contó a Marina que tenía miedo de que ella decidiera romper con él porque le dejase por imposible, que incluso lo entendería. Marina le dijo a Pedro que se sentía impotente y estúpida al ver que quería estar con él y no encontraban la manera de mantener una estabilidad.

—¿Cómo os sentís ahora?

—Yo veo que... bueno, que lo hacemos lo mejor que podemos, es lo que tú dices: ahora veo más que su reacción está cambiando, que lo intenta... pero, con todo, no es fácil... —dijo Marina, aunque bien podría haberlo dicho Pedro: él se sentía igual.

—Cuando habláis así, ayudáis a vuestra pareja a entenderos, y las cosas van mejor, ya lo veis. Habrá veces que a uno le cueste más que a otro, está claro. Mirad, ¿habéis estado en el parque de El Retiro, de Madrid?

—Sí, fuimos en una ocasión y lo pasamos muy bien.

—Vale, ¿os montasteis en las barcas del estanque?

—Sí.

—Entonces sabréis que para avanzar o retroceder ambos remos deben ir al unísono. Si uno de los dos remos va más rápido, el otro no tiene más remedio que adaptarse. No sirve de nada reprochar: incluso si la otra persona se da cuenta y rectifica, durante un tiempo hay una inercia a la que hay que acomodarse. Ahora imaginaos que no pudierais hablar cuando eso pasa; algo parecido a cuando tenéis alguna bronca: de nada sirve tratar de razonar justo en ese momento, pues veis que vuestro compañero está muy alterado. Así que estáis remando en una barca, conjuntamente, pero de forma descoordinada y no podéis comunicaros. Entonces, Marina, si ves que Pedro rema a un ritmo distinto al tuyo, ¿qué vas a hacer?

—Pues... adaptarme a él.

—¿Y por qué vas a hacer eso?

—Porque... no quiero que estemos dando vueltas en círculo en el agua, así no podemos llegar a ningún lado, ni visitar nada del parque. Vamos: que tenemos que remar coordinados; y si para eso no tengo más alternativa que remar un poco más lento o un poco más rápido pues lo haré. Desde luego es mucho mejor que agotarnos en mitad del estanque.

—Bien, ¿qué tal tú, Pedro? Ves que Marina ha remado como no debe, en tu opinión, llega a casa y la situación te ha hecho sentir fatal. En la ocasión anterior, paraste en seco tu remo y la barca empezó a dar vueltas... eso es lo que ocurre cuando dos remos no van al unísono. ¿Qué vas a hacer?

—Pues... lo mismo que Marina, acompasarme a ella, llevar el ritmo que se necesite en ese momento.

—¿Y si te cuesta?, ¿y si te sientes muy mal y muy abandonado?

—Entonces... creo que recordaré esto... o quizás te pida ayuda —dijo a Marina mirándola.

Cristina animó a ambos a seguir ofreciéndose comprensión en los momentos más difíciles.

Al salir de la sesión, otra semilla quedó plantada en ellos: no se trataba de cambiar al otro y menos acorralarle, sino de ofrecerle el apoyo que necesitara. Eso, de por sí, parece que acarrearía cambios beneficiosos para ambos.

Les costaría, y mucho, pero valdría la pena. Ambos querían —cada vez más y aún con las dificultades que surgían— ofrecer ese apoyo a la persona que les acompañaba en la vida.

Sesión 8

Había pasado la cuarta semana desde que empezaron el tratamiento con Cristina, y empezaban a notarse los primeros resultados que podrían atribuirse con claridad al trabajo con ella.

Pedro admitió lo mal que lo llevaba cuando ella salía con sus amigas, y quiso salir de eso, superarlo con el apoyo de ella y la orientación de Cristina. En los primeros compases de la sesión dijo:

—Pensé que estaba muy harto de todo esto... pero no de ella, sino de reaccionar yo así. En ese momento, quise estar mejor dispuesto de una vez en esta cuestión.

—¡Vaya!, ¿cómo fue eso para ti, Marina?, ¿qué pasó?

—Me gustó muchísimo, vi un mensaje suyo en el que me decía que me fuera con mis amigas y disfrutase, que no me preocupase de nada, porque sabía que hoy teníamos la fecha tope de entrega de un proyecto y todas habíamos trabajado con mucho empeño. La verdad es que no me lo esperaba, me extrañé incluso. Me apetecía, y desde la discusión del otro día, la verdad, estaba algo resentida, y con miedo de otra reacción igual.

Siguieron hablando del asunto. Pedro contó que Marina, al regresar, le abrazó como pocas veces y le dijo que quería ver una película con él. Pedro casi no se lo creía. Luego, sin decirse nada, fueron juntos a la cama e hicieron el amor. Ambos estaban bastante sorprendidos de la manera en que estaban transformando un episodio de discordia en una oportunidad para aumentar su cercanía.

Cristina vio la oportunidad perfecta para reforzar una estrategia que ellos ya estaban empezando a utilizar.

—En este punto, si esa situación difícil a la que os habéis enfrentado esta semana quisiera separaros... Esperad. Lo voy a hacer de una manera especial, mirad —les indicó que se pusieran el uno frente al otro, cada uno en una silla, y en medio de ellos colocó una mesita pequeña con un folio en el que escribió "no me quieres / no me tienes en cuenta" (ver Figura 4) —Y ahora, si este folio quisiera separaros, ¿qué intentaría hacer con vosotros?

—Justo eso, estar ahí en medio —contestó Marina.

—Sí, si quisiera separarnos... crearnos problemas, claro, entrometerse —añadió Pedro.

—Bien, ¿qué os diría, si pudiera hablar, Pedro?, ¿qué te diría a ti sobre Marina?

—Me diría que... que no me quiere, que cuando sale solo piensa en ella, que pasa de mí, que yo no le importo.

—¡Ajá!, y Marina, ¿qué te diría a ti?

—Que Pedro únicamente piensa en sí mismo, que no me tiene en cuenta, que es un egoísta, que no valora que yo trabaje tanto, que exclusivamente busca su bienestar...

—Sí que son cosas desagradables, y vosotros hasta hace unas semanas, os indisponíais el uno contra el otro por ellas, os peleabais y os distanciabais.

En folios diferentes que entregó a ambos, empezó a hacer una lista de cosas que hacían tanto Pedro como Marina y cuyo resultado era destruir poco a poco su unión: reaccionar, atacar, culpar, o bien acusar, explotar, poner mala cara, etc. La situación quedó de la siguiente manera (Figura 4):

Figura 4. Ejemplos de polarización en el caso de Marina y Pedro

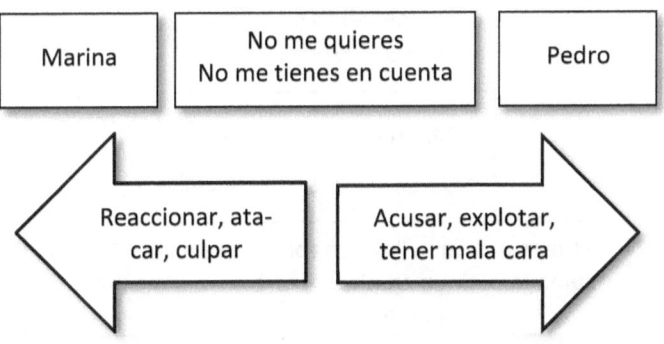

Ambos reconocieron esa dinámica era tal cual gracias a la información que se les había brindado en la sesión de

devolución. Por esto, podían comprender lo que estaba pasando. Cristina siguió:

—Esta semana habéis hecho algo diferente, habéis estado unidos frente al problema. ¿Qué os parece si os situáis ahora así? —ambos acercaron sus sillas, y la mesita con el folio, de modo que el "enemigo" quedó enfrente de los dos—. ¡Perfecto!, mucho mejor, ¿verdad?, aunque claro, esos folios no tienen mucho sentido ahora... los cambio por estos, tomad —dio nuevos folios, y la situación quedó de la siguiente manera (Figura 5).

Figura 5. Alternativa a la polarización en el caso de Marina y Pedro: la actitud de la separación unificada

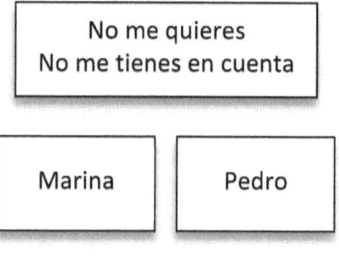

—¿Qué os parece si seguís esta semana poniendo en práctica lo que ya hemos entrenado aquí hoy?; o sea, por un lado, hablar de manera suave sobre cómo os sentís, y, por otro, estar unidos y hablar sobre el problema con algo

de distancia: no pensando que el problema está en el uno o en el otro, sino pensando que está enfrente de los dos, de la pareja. Vosotros sois un equipo y el problema es aquello a lo que os enfrentáis. ¿De acuerdo?

Ver las cosas así de claras, y sentir el ánimo que les transmitía Cristina, les esperanzaba. Se daban cuenta de que había cosas que dependían de ellos, por dura o complicada que fuera la situación. Notaban al salir de la consulta que en estas semanas habían subido un peldaño realmente alto. Se sentían aliviados y también orgullosos por la respuesta que habían sabido dar a sus desavenencias.

***

En las sesiones aquí transcritas, que se suceden durante tres semanas, la terapeuta, Cristina, se centra en asentar la aceptación mutua a través de la técnica de la unión empática e incorpora —como más adelante se explicará— la separación unificada. Este uso de estrategias es la actividad central en la TIP en el momento de la intervención. La terapeuta debe procurar que se produzca la aceptación y que se reafirme. De hecho, poco a poco, y no sin las lógicas vueltas atrás, el efecto positivo de estas formas de actuar surge en el seno de la pareja, y Pedro y Marina van exhibiendo sentimientos de comprensión, compasión, intimidad y amor, aunque aún tímidamente.

En realidad, si se logran buenos resultados por medio de estas intervenciones, no hay por qué recurrir a técnicas alternativas. Aunque la TIP cuenta —como se mencionó en el capítulo anterior— con otras para el desarrollo de la tolerancia y, así mismo, unas cuantas más relacionadas con el cambio directo (intercambio de conductas, entrenamiento en comunicación y solución de problemas), este arsenal terapéutico no tiene por qué emplearse si el progreso se consigue con las dos primeras técnicas (unión empática, separación unificada). Y, de hecho, si se pasa a alguna de las estrategias de cambio, pero reaparecen las discusiones, entonces lo más conveniente es volver a dejar estas a un lado y recuperar las técnicas de aceptación.

En la primera de las sesiones que se ilustran en esta serie (Sesión 6), Cristina insiste en la unión empática. Recuerda lo provechoso de hablar de forma no acusatoria y comprensiva (que proviene del conocimiento de la historia personal y las vivencias del otro miembro de la pareja) y alude exclusivamente a las emociones propias; es decir, desde lo que siente uno en esos momentos. Por la repetición de esta estrategia se produce la evolución de la pareja y su cada vez mayor desenvoltura en este tipo de comunicación. Por supuesto, sigue resultándoles algo ajena (*"esto es raro"*, dirá Marina al referirse a esta forma de interactuar); pero, poco a poco, se naturaliza, se vuelve una forma cotidiana de dirigirse el uno al otro. Pero lo importante es que esto no es solo un entrenamiento en el que se progresa por repetición, no es una mera destreza para poner en práctica en un momento dado, sino una experiencia real y vívida, primero en la consulta, luego en casa, y que produce sus efectos cada vez que se practica. Así, se concatenan una serie de experiencias de comprensión e intimidad, y se gesta un efecto sanador sobre la pareja que restaña las heridas, incluso las más antiguas. En cada ocasión, permite comprender y encauzar sentimientos dolorosos y, a la vez, se experimentan emociones positivas más allá de lo recientemente vivido; de este modo ambos se encuentran más próximos en general, más sensibles a los sentimientos del otro y más afectuosos entre sí.

Tras el recuerdo de lo sucedido en los días anteriores a la consulta y el comentario sobre cómo lo resolvieron, la terapeuta plantea hablar de lo que está por venir y puede convertirse en una nueva fuente de discordia. Esta es una manera alternativa de practicar y afirmar las estrategias de aceptación, dentro de un abanico posible, a saber[40]: (1) conversaciones generales sobre las diferencias entre los dos miembros y los resultados de esas interacciones; (2) debates sobre un evento que está por suceder (por ejemplo, dónde pasar las vacaciones) y que está asociado tradicionalmente a discusiones problemáticas; (3) comentarios sobre un incidente negativo que acaba de pasar y en donde ha quedado reflejado su problema; y (4) comentarios acerca de un evento que se ha resuelto positivamente porque ambos han sabido responder adecuadamente.

Sin embargo, a la hora de hacer esa previsión sobre lo que podrá conducir a un altercado, Cristina incorpora la otra técnica de aceptación desarrollada por la TIP, la **separación unificada**, con el objetivo de lograr afianzar

---

[40] Barraca (2016, p. 90).

el proceso que se está dando. Aunque esta estrategia pretende, al igual que la anterior, aumentar la intimidad y los sentimientos positivos hacia la pareja, lo lleva a cabo por un camino distinto: procurar un cierto distanciamiento (de aquí el término 'separación') del problema; esto es, contemplarlo con perspectiva, de forma objetiva y puramente descriptiva. Es decir que, en vez de centrarse exclusivamente en la emoción —como sucede al procurar la unión empática—, se recurre al análisis 'intelectual' de la cuestión[41].

Al practicarla, el terapeuta busca que la pareja dialogue acerca del conflicto de una manera más analítica, lo que aquí significa desentrañar claves de la disensión como: qué la provoca y dispara, cómo se reacciona, cómo conectan esas reacciones con el problema de fondo, cómo discurre la disputa, cómo se polarizan los sujetos, etc. En estos diálogos se evitan alusiones a culpables o responsables de los sucesos y no se esgrime la necesidad de que nadie cambie: lo que se busca es una descripción distanciada y lo más imparcial posible de toda secuencia. En suma, se trata de que los dos miembros de la pareja se percaten de que el problema no es "tú" o "yo", sino que simplemente es "ello": "el problema". La descripción en perspectiva que propone esta técnica favorece que los conflictos (que se asocian al tema y a la polarización) se vean como secuencias de interacción negativas prototípicas; esto es, se facilita el *insight* sobre las variables que

---

[41] Barraca (2015b).

están actuando en ellos. Y eso facilita no recurrir a las acusaciones o culpas[42].

Esta forma de comportamiento suele tener como resultado el que ambos recuperen la sensación de equipo que trabaja en colaboración. De hecho, es habitual que tras varios años de riñas y litigios hayan acabado haciendo cada uno 'la guerra por su cuenta', en vez de como aliados. La separación unificada procura justo cambiar esto y que se vuelva a adoptar una postura de colaboración frente a los problemas que puedan sobrevenir. De aquí que se recalque que nosotros somos *uno* (un equipo) y el problema que tenemos es lo *otro* (lo 'fuera' de nosotros, en consecuencia, lo que está enfrente). Así mismo, plantear alternativas de respuesta por parte de uno y otro es una manera de hacerles sentir capaces de afrontar y reaccionar adecuadamente a los disgustos y las dificultades que inevitablemente aparecerán. Cristina, la terapeuta, repite varias veces la idea de *unión*. Y lo hace para que Pedro y Marina formen ese equipo colaborador que ataja conjuntamente los problemas. Les asigna responsabilidad, "*¿Qué vais a hacer?*" y les anima a buscar soluciones, que surgen espontáneamente de los dos para deshacer su malestar y sus conductas improductivas.

A lo largo del capítulo, se observa a la pareja emplear eficazmente esta técnica, en particular en la última de las sesiones (Sesión 8). Al acabar una jornada laboral, Marina desea salir con sus compañeras después de unos días de trabajo absorbente y agotador en el que todas juntas se

---

[42] Barraca (2016, p. 91).

han implicado en un proyecto importante, pero esto resucita los miedos de Pedro ("no le importo", "le da igual dejarme solo"). Al adoptar un enfoque de separación unificada, los dos logran ver esas necesidades de uno y otro como *el* problema; no el problema de Pedro, sino el *problema de la pareja* (como 'ello'), y a sí mismos, a su relación, la contemplan como una 'unidad' que debe dar respuesta a ese problema. De este modo, al orientarse de una manera colaborativa acaban sintiéndose muy bien y mostrándose generosos el uno con el otro, afectuosos, positivos, etc. Todo esto vuelve a generarles emociones positivas mutuas, de cercanía e intimidad. De hecho, pocas cosas unen tanto a la pareja como sentirse un equipo en el que se puede confiar cuando aparecen amenazas.

Pero llegar a ese momento no ha sido fácil. Antes han tenido que sufrir una gran decepción, como se ilustra en la sesión anterior (Sesión 7). A pesar del buen clima reinante entre la pareja justo al salir de la consulta precedente, han reaparecido las disputas y los dos andan descorazonados. Nada más empezar la sesión se ve que han vuelto los ataques (*"yo no tengo por qué sentirme así", "¡no es justo!", "¿tú crees que yo no lo paso de pena? También estoy cansada con todo esto"*) y se enzarzan en un altercado que es continuación del habido antes en casa.

La terapeuta Cristina sabe que esta dinámica es corriente. En un proceso de terapia de pareja habrá frecuentemente vueltas atrás, desánimo y peleas renovadas. No obstante, si se gestionan bien estas situaciones puede producirse un aprendizaje extra sumamente útil para el futuro de la pareja, pues al terminar la terapia no se espera que acaben las discusiones, sino que sepan manejarse mejor, en parte por la lección que supone esta importante sesión. Si se analiza detalladamente la respuesta de la terapeuta a la reaparición de desavenencias se encontrará el siguiente proceso:

1. Aunque ha habido una discusión seria y la pareja se encuentra desalentada, Cristina se muestra tranquila, no preocupada. Contiene a la pareja y les permite decir lo que sienten y han vivido, les pregunta por ello y procura que ambos contacten muy directamente con esas emociones, a pesar de ser frustrantes.

2. Explica la discusión a partir de las claves que le ofreció su evaluación y que trasladó a la pareja en su momento. Así, les hace ver cómo de fondo estaban los sentimientos evocados por sus vulnerabilidades o aspectos sensibles y cómo se repitieron sus procesos de interacción destructivos (polarizaciones). De hecho, les pregunta directamente por esto: *"¿Y tú cómo te polarizaste?"*, para referirse a qué hiciste, cómo reaccionaste, de forma que les ayuda a asociar esas conductas con las formas destructivas de relacionarse: extremarse en una posición es la forma de encallar una y otra vez.

3. La terapeuta es didáctica respecto a las claves de la separación unificada al ejemplificarla con un símil (remar

de manera efectiva para hacer avanzar la barca) y al demostrar así la esterilidad de continuar discutiendo y empeñarse en mantener la propia postura ignorando la de la otra persona. La pareja ve así que el resultado de empecinarse en la propia posición solo lleva al fracaso como pareja (no van a ningún sitio, como ilustra la barca que da vueltas sobre sí misma). Si acaso, solo se crea más dolor y desazón (la trampa mutua).

4. Proponer una nueva aplicación de la técnica de separación unificada (naturalmente, no denominándola de ninguna forma, pues no hace falta confundir a la pareja con términos extraños ni tampoco darles una clase sobre el modelo de la TIP), pero sin desconectarla de la actitud de la unión empática, ya que insiste en conectar con sus sentimientos y también en colaborar para salir de una situación semejante si vuelve a darse. De hecho, Pedro pide directamente esa ayuda a Marina (Pedro: *"creo que recordaré esto... o quizás te pida ayuda"*).

En la sesión 8 es cuando cristaliza el efecto de este aprendizaje (de la separación unificada); en particular, se observa aquí en la actuación de Pedro que invita por propia iniciativa a Marina a salir, relajarse y disfrutar con sus compañeras de trabajo, sin preocuparse por él. Paradójicamente —pero tal y como prevé la TIP— los cambios en uno de los miembros pueden llegar, como sucede aquí, pero no por las presiones, coerciones, amenazas o polarizaciones del otro, sino cuando uno comprende los sentimientos y acepta las formas de ser y de actuar del otro. Es decir, que el cambio efectivo viene por propia voluntad, cuando uno quiere llevarlo a cabo, cuando no se siente obligado. Y es entonces, al sentirse bien, con la ayuda del otro miembro de la pareja, con la comprensión y la falta de egoísmo, cuando su afecto se reedifica: se abrazan, ven juntos una película, hacen el amor.

A fin de asentar, dotar de sentido y volver más justificado este cambio en la forma de actuar, al final de la sesión Cristina traza una serie de dibujos esquemáticos que ilustran convenientemente lo vivido. De forma muy gráfica refleja con ellos qué pretende la separación unificada. En el primero, el folio con los mensajes negativos está entre medias de los dos cónyuges, separándoles, enfrentándoles. Luego, al poner otro enfrente de ellos, ante el cual están los dos como pareja, como aliados, todo cambia: ahora entienden que pueden sentirse mal por los mensajes negativos, pero están codo con codo para hacerles frente. Por supuesto, esto mismo también puede ilustrarse con otras actuaciones en consulta, por ejemplo, poniendo una silla ante ellos, o decir la misma terapeuta que *ella* es el problema y que trabajen juntos para contrarrestar su efecto pernicioso sobre la pareja.

El llevarse estos dibujos facilita recordar la estrategia cuando resulte conveniente. El papel en el que se plasman los círculos y flechas no es tanto un esquema para analizar o para estudiar luego en casa: es, en sí mismo, el reflejo *del problema* ante el que se encuentra *la pareja* (unida, al lado, como se pinta también en el dibujo) y es un recordatorio. Así, se percibe más directamente la separación unificada. Nosotros (la pareja) *vs.* el problema (el papel).

Esa es la idea que recordar, y por eso el mismo esquema se convierte en un mensaje motivante.

6. AVANZANDO EN EL TRATA-MIENTO

Sesión 9

—Es verdad, el lunes hicimos justo eso —estaba comentando Pedro— yo me sentí mal y tú te paraste, me dedicaste atención y me preguntaste cómo me encontraba.

Por petición de Cristina, habían empezado la sesión recordando algunos momentos de la semana. Quería que la pareja le contase cómo estaban poniendo en práctica los avances que ella misma podía ver cuando les tenía delante:

—¡Eso fue muy bueno!, ¿qué hubiera pasado en otro momento?

—¿Te refieres a antes de venir a terapia? —preguntó Marina.

Cristina asintió.

—Seguramente yo no le hubiese preguntado, y él habría empezado a reprochármelo... y la cosa se habría liado de nuevo —contestó ella, alegrándose de estar hablando de un pasado hipotético y no de lo que realmente sucedió.

—Yo me habría puesto muy tonto, seguro... a ver: realmente no he dejado de sentirme mal, pero no es lo mismo; ahora me paro y no reacciono tanto según me siento; es como que me cansa ponerme siempre igual —dijo él.

—Es estupendo lo que me contáis, y suele pasar así: las cosas están empezando a cambiar y vosotros lo notáis. ¿Hay algún otro momento en que os hayáis enfrentado juntos a alguna situación peliaguda en estos días?

Añadiendo cada uno su parte, la pareja le contó que unos días atrás Marina llegó a casa y lo vio todo hecho un desastre: la ropa sucia tendría que estar lavada y puesta a secar, pero aún seguía en el cesto. Esto la disgustó, sobre todo porque necesitaba un par de prendas, y se lo dijo a Pedro.

—Yo le dije que tenía que lavar y tender cuanto antes porque al día siguiente quería ponerme una camisa y una falda más formal: me tocaba hablar en unas jornadas, y era importante para mí ir en condiciones —lo contaba con tranquilidad, aunque refería un episodio muy molesto para ella.

—Es verdad que me lo habías dicho... se me pasó totalmente, y después, cuando volviste y me lo recordaste, de verdad que lo sentí —a Pedro parecía pesarle lo ocurrido.

—¿Qué hicisteis entonces?

Contaron cómo ella se esforzó en no echarle la culpa, tal y como había sucedido otras veces; le ayudó que él se disculpara. Y la cuestión se quedó allí. Junto con eso, Marina le explicó que se sentía agobiada por el asunto de las jornadas, y que ver sucia la ropa que se quería poner la agobió más aún, pero recordó que era preferible hablar sobre lo que sentía.

—La vi de verdad agobiada, preocupada por su trabajo... Al principio me puse algo a la defensiva, pero entonces noté que se estaba esforzando por no acabar como siempre, y que éramos un equipo y yo tenía que remar al ritmo que necesitábamos, así que le dije que me sentía torpe por habérseme olvidado lo de su ropa, y que lo sentía mucho porque veía lo importante que era para ella. Y por supuesto nos pusimos cuanto antes a arreglar la situación colaborando en ello.

—Cuando remáis juntos las aguas parecen menos turbulentas. Es justo tal y como lo estáis sintiendo, y me alegra que me lo contéis —reflexionó Cristina.

El ambiente era distendido en ese momento, y aprovecharon para comentar lo que iban a hacer durante la semana y hasta la siguiente cita.

Sesión 10

En esta ocasión fue Cristina la que tomó la iniciativa y sacó algunos temas:

—Como dijimos al principio, es bueno que comentemos asuntos diversos en sesión, de manera que si surge alguna dificultad podamos utilizar este tiempo y espacio como lugar de prueba para hacerlo mejor. ¿Os parece que hoy lo aprovechemos en ese sentido?

La pareja estuvo de acuerdo.

Hablaron de varias cuestiones: la relación con la familia, las vacaciones pasadas y futuras. Las diferencias entre ellos no parecían acusadas. Sin embargo, de manera algo abrupta, estalló el conflicto:

—Este verano he planeado, junto con unas compañeras del trabajo, hacer un recorrido por varias ciudades —comentó ilusionada Marina.

—Pero... eso no me lo habías dicho —respondió tenso Pedro, después de mirarla directa y fijamente.

—Bueno... iba a hacerlo, no sé, es en verano.

—Ya, ya sé que es en verano, acabas de decirlo, y supongo que no puedo ir, claro.

—Es plan de chicas, Pedro. Vamos sin nuestras parejas, no se trata de que no quiera que tú vengas.

—Ah vale, entonces, ¿puedo ir? —dijo él con ironía.

—No sé para qué digo nada... —hacía tiempo que Marina no se sentía así, con esa sensación. Fue como recibir de golpe un peso enorme que la aplastaba, la dejaba sin fuerzas.

—En serio, ¿esto es normal?, ¿está bien que me oculte estas cosas?, ¿dónde queda lo del equipo? —preguntó Pedro mirando a Cristina y haciendo aspavientos.

Acababa de producirse un momento sumamente apurado, pero Cristina ya lo tenía previsto.

—Te ha disgustado que Marina no te haya dicho su plan, Pedro. Entiendo lo que sientes y lamento que sea así —su tono y actitud eran de cercanía y afecto y, sin dejar de mirarle, permitió un silencio.

Pedro giró la vista hacia otro lado, claramente descontento, molesto, pero procurando cambiar de actitud. Cristina lo aprovechó:

—De verdad que me gustaría ayudaros a buscar una solución justo en este momento, así que os voy a pedir un esfuerzo que sé que sois capaces de hacer los dos —les animó.

Marina estaba triste, apática, y Pedro, dolido. Ella sabía que la situación era espinosa y no quería sentirse culpable por hacer planes con sus amigas, aunque entendía a Pedro.

—Marina, ¿qué crees que te quiere transmitir Pedro ahora mismo?

—Creo que... se siente relegado... y no es para nada mi intención, de verdad. Yo estaba contenta y lo dije con toda la ilusión del mundo. Desde luego no pensé que le fuese a importar, al revés: creía que sería como cuando comenté lo de la salida al acabar el proyecto en el trabajo con las compañeras y él dijo entonces que quería que me divirtiera y que disfrutase.

Cristina miró a Pedro, para animar a Marina a hablarle a él directamente:

—De verdad que sé que esto te puede hacer sentir fatal, y que pensarás que no te tengo en cuenta... pero no es para nada así.

—¿Sabes lo que más me fastidia? —Pedro seguía enfadado— que yo ni siquiera hago planes. Estoy encerrado en casa todo el día esperando a que tú vengas, e intentando siempre hacer las cosas como tú quieres, para que tú disfrutes o descanses; te tengo en cuenta todo el rato. Deberías darte cuenta de que si yo saliera por ahí, tú y yo no tendríamos apenas nada en común.

Marina no supo qué decir a esto.

—¿Te gustaría salir y hacer cosas por tu cuenta? —preguntó Cristina a Pedro.

—No soy una persona que siempre esté deseando salir, soy bastante casero, pero sí que es verdad que me gustaría hacer más cosas, tener más vida social, invitar a algunos colegas a casa, o salir de vez en cuando... tengo varios grupos de WhatsApp en los que casi siempre están proponiendo actividades, y veo fotos de cómo se lo pasan y demás... pero es que si yo dedico tiempo a algo de eso, ¿qué tiempo nos queda a ella y a mí?

—Temes que si haces cosas que te gustan, eso afecte a tu relación —le reflejó Cristina.

—Sí, siento que si salgo y demás, la pierdo —finalizó.

—Pero cariño... eso no es así, no vas a perderme porque hagas planes con tus amigos —el trabajo previo en aceptación y expresión suave hizo posible que Marina le dijera justo esto.

Pedro agachó la cabeza y no añadió nada más.

—Mirad, os voy a contar algo —empezó Cristina—. Hace unos años, trabajé con personas que tenían a su cargo familiares en recuperación y rehabilitación de accidentes y con problemas de salud; pacientes que durante un tiempo tenían movilidad reducida; y ellos, los cuidadores, debían ayudarles en las tareas cotidianas y personales hasta que se recuperasen. Pues bien, estas personas que se ocupaban de sus familiares, en cambio se ocupaban muy poco o nada de sí mismas: les costaba mucho salir con sus amigos, hacer planes para quedar, tener tiempo para dedicarlo a sus aficiones..., pensaban que, si dedicaban tiempo a sí mismos, dejarían de atender bien a sus familiares. Pero lo cierto es que eso los acababa agotando. Cuando estos cuidadores aprendieron a disponer de algo más de tiempo para sí mismos, a recuperar su vida social y de ocio, ¿cómo creéis que se sentían después en el trato hacia sus familiares?

—Pues más descansados y... no sé, más frescos —contestó Pedro, empezando a ver la relación entre la experiencia de Cristina y su propia situación.

—Así fue, y se mostraron de hecho más eficientes a la hora de cuidarles, y sus familiares agradecieron verlos más animados y satisfechos con sus propias vidas. Marina, ¿qué relación crees que tiene esto con vuestra situación?

—Pues... creo que nosotros debemos cuidar nuestra relación... y quizás, a la vez, cuidarnos a nosotros mismos...

Aquí la interrumpió Cristina:

—¿Qué te parece si miras a Pedro y lo habláis entre vosotros dos? —dijo, mirándole ella también a él.

Ambos empezaron a hablar, efectivamente, sobre cómo su relación era algo que debían mimar, y para eso debían cuidarse a sí mismos. Pedro reconoció que Marina tenía una vida más activa y variada, y vio que quizás él debería hacer otro tanto, aunque le costase.

—¿Sabes? Si tú ahora empiezas a salir y demás, yo también voy a tener miedo de que nos distanciemos... Aunque ahora esté tranquila, habría que verme en esa situación —Confesó Marina de una manera cercana—. Pero creo que sí, que necesitas recuperar las cosas que antes hacías, salir con más gente... Y no me vas a perder: yo voy a estar deseando que me cuentes cómo te ha ido cuando vuelvas.

—¡Uf! No me es fácil verlo así, pero es verdad que si yo me dedico tiempo a mí... quizás las cosas vayan mejor entre nosotros. Además, que también tengo que confesar que, aunque me haya quejado, quizás he evitado salir estos últimos tiempos porque me daba vergüenza estar sin trabajo y que mis amigos me vieran así y me preguntaran. Si no salía, al menos te tenía a ti. Pero... bueno, sí, y lo he pensado bastantes veces la verdad, pero no sé por dónde empezar... —miró a Cristina buscando apoyo.

—Marina, ¿qué te parece si le ayudas? —recondujo hábilmente la terapeuta, sabiendo que lo mejor era que ellos encontrasen las respuestas de manera conjunta y autónoma.

Ambos hablaron de las aficiones de Pedro. Marina le recordó las actividades con las que disfrutaba anteriormente, incluso antes de ser pareja, y eso facilitó que él trajera al presente lo bien que se sentía al hacer planes con sus amigos. Recordó que, durante la semana hablaban de salir al campo o hacer rutas en bici o cosas similares, y que eso siempre le había gustado. Había un tiempo en que él deseaba que llegase el fin de semana para disfrutar de su tiempo de esa manera. Eso ahora no era así, pero podía recuperarlo.

Cristina comprobó cómo el tono era mucho más calmado ahora. Ambos habían puesto de su parte para que así fuera. Marina estaba ayudando a Pedro a plantearse actividades que pudieran hacer para generar ese autocuidado, gracias al cual su relación de pareja ganaría en calidad.

—Creo que es un buen momento para que habléis de esas actividades en casa, y en la siguiente sesión podéis contarme qué tal ha ido. Me gustaría comprobar que te has animado y has dedicado algo de tiempo a recuperar cosas que te gustaba hacer, Pedro; y seguro que a Marina eso también le encanta, y podréis comprobar los resultados en vuestra relación de pareja.

Ambos salieron de la consulta charlando sobre ello. Ese era justo el objetivo de Cristina. Cada vez más, estaba viendo que era menos necesaria su presencia para que la pareja saliera de sus embrollos y diese con el modo de unirse en las circunstancias conflictivas. De hecho, en esta ocasión había bastado con reconducirles en un par de momentos para que la pareja se hubiese reencarrilado.

***

En esta secuencia de dos sesiones se comprueba cómo el tratamiento progresa adecuadamente asentando los aprendizajes habidos durante los encuentros previos y cómo, ante algunos escollos característicos de estos procesos, la terapeuta pone en funcionamiento estrategias que rápidamente facilitan la reconducción de dificultades y previenen problemas futuros.

En primer lugar, durante la primera sesión (Sesión 9), se trabaja reforzando la principal de las estrategias: la unión empática. De nuevo, se aprovecha lo vivido durante la semana por Marina y Pedro (descuido de él para encargarse de que la ropa de ella, tal y como habían quedado, estuviera limpia y planchada). Cristina invita a conectar con lo que sintieron cuando el otro miembro habló desde la propia emoción y empleó unos términos empáticos, suaves y positivos, aunque se notase enojado. De este modo, cuando Marina narra la contrariedad que le supuso no tener la ropa que necesitaba, pero que su intención nunca fue atacar a Pedro, tacharle de negligente e inconsciente en comparación con ella, sino expresar lo que sentía por encontrar así las cosas en casa, propició que Pedro, en vez de ponerse a la defensiva o 'devolver los golpes', se hiciera cargo de lo agobiada que ella estaba. En una respuesta que demuestra la utilidad de las ilustraciones empleadas los días antes, Pedro alude a que hay que acompasarse al ritmo en que rema la pareja. Cristina aprovecha ese recuerdo y lo recalca: *"Cuando remáis juntos las aguas parecen menos turbulentas"*, con lo que imprime más fuerza a su propia percepción de equipo capaz de enfrentarse a dificultades mayores. De hecho, acaban acometiendo juntos la tarea de la forma más eficaz.

En la siguiente ocasión que van a la consulta (Sesión 10), la terapeuta se anima a abordar algunas cuestiones que pueden resultar más delicadas. Dado que la pareja está avanzando convenientemente y se están consolidando las técnicas de aceptación —como se acaba de ver en la sesión anterior—, es adecuado dar un paso adelante y ofrecer una imagen de avance, de evolución. En las sesiones de evaluación se destacó un concepto de la TIP denominado "campo de minas"[43] y Cristina lo dejó caer también en la sesión de devolución de la información (Sesión

---

[43] Barraca (2016, p. 120); Jacobson & Christensen (1998, p. 82).

4). Se trata de la reacción que se observa cuando se tocan determinados temas sensibles, que fácilmente despiertan una reacción visceral porque resultan especialmente dolorosos y han sido motivo frecuente de discusiones intensas y repetidas en la historia de la pareja. Este tipo de contenidos debe evitarse en las primeras sesiones, pues bloquearían el trabajo al promover una reacción emocional tan intensa que impediría empezar la terapia con resultados positivos. Pero visto que Marina y Pedro ya han generado otro clima en común y pueden hablar de temas espinosos, es normal que la terapeuta quiera intentarlo. Así, les anuncia que van a tratar cuestiones relativas a la familia, la gestión de las vacaciones y las diferencias entre ellos al respecto.

Y, de hecho, cuando empiezan de forma aparentemente relajada a tocar la cuestión de las vacaciones, efectivamente 'se pisa una mina' y salta el malestar de forma repentina. Concretamente, sucede en el momento en que Marina menciona el viaje que se ha propuesto hacer con sus amigas las próximas vacaciones y el sentimiento de tristeza, soledad y abandono que experimenta Pedro al instante de oírlo. Cuando se dan estas situaciones, las coerciones y las polarizaciones surgen otra vez. Por eso Pedro empieza a hablar de forma hiriente y sarcástica (*"Ah, ¿entonces puedo ir?", "¿Dónde está el equipo?"*). Marina queda chafada, como aplastada por una gran losa y no le sale decir nada. Él, además, muestra sus polarizaciones en afirmaciones en que claramente y de forma consciente exagera: *"Me ocultabas esto",* cuando simplemente ella no lo había mencionado hasta ese momento porque no le había dado importancia.

La intervención entonces de Cristina para reconducir la situación, tras observar qué fácilmente pueden volver a complicarse las cosas entre los dos, posee dos fases bien distinguibles: una primera en que calma a la pareja y otra en las que le propone una nueva estrategia para salir adelante en estas situaciones.

1. Con la primera estrategia consigue sosegarles. Emplea la empatía, la compasión y un reflejo de las emociones vividas (*"Estás realmente molesto porque Marina no te haya dicho su plan, Pedro; entiendo lo que sientes, y lamento que sea así..."*). También, les sugiere que traduzcan a otro lenguaje lo que el otro miembro de la pareja está experimentando, mientras se miran y tratan de reconectar (*"Marina, ¿qué crees que te quiere decir Pedro ahora mismo?"*). La práctica anterior con las estrategias de unión empática y separación unificada favorece que efectivamente ambos hablen sin dilación de sus sentimientos y cejen en sus ataques, lo que disipa la tristeza y la tensión, y les predispone para llevar a cabo lo que Cristina les sugerirá a renglón seguido.

2. En la segunda de sus intervenciones saca a la luz una de las estrategias de **tolerancia** que se listaron en el capítulo 4. En concreto, la denominada 'promover el autocuidado'. Como se explicó también entonces, las estrategias de tolerancia se proponen a la pareja cuando la

aceptación no se ha logrado del todo, y es conveniente que la pareja se fortalezca ante situaciones dolorosas que seguirán sucediendo o —como es aquí también el caso— que se recupere lo más pronto posible de una situación que les ha hecho daño. Aunque en esta pareja la aceptación está mejorando, es fácil que, dada la tendencia de Pedro a sentirse abandonado (recuérdese que era uno de sus *temas* o *vulnerabilidades*), le cueste mucho aceptar que ella se marche a ese viaje sin él, y justo en unos momentos de su vida en que trataban de contrarrestar la distancia y las discusiones que venían sufriendo.

Además del autocuidado, las otras estrategias para promover la tolerancia son[44]: (1) Destacar los aspectos positivos de una conducta negativa; (2) Practicar las conductas negativas en sesión; y (3) Fingir en casa discusiones por las conductas negativas.

En la primera de ellas, se procura hacer ver a la pareja los aspectos positivos que puedan tener las conductas que les enojan del otro. Si esto llega a ocurrir, entonces se tolerarán mejor esas conductas, aunque en conjunto resulten desagradables. Este tipo de intervención resulta especialmente adecuada cuando esos aspectos positivos que se destacan se conectan con aquellos rasgos que en su día supusieron una fuente de atracción[45]. En realidad, muchas de las diferencias que pasado el tiempo provocan malestar pueden reinterpretarse como formas de complementariedad de la pareja. De hecho, resulta poco habitual

---

[44] Jacobson & Christensen (1998).
[45] Barraca (2016, p. 95).

que entre dos personas muy pasivas, muy desorganizadas o muy temperamentales no surjan continuamente desacuerdos. Por descontado, no se trata de ver siempre lo positivo en cualquier conducta del cónyuge, de tener una actitud excesivamente ingenua o siempre bien pensante con independencia de las circunstancias, sino algo así como hacer ver al servicio de qué está el comportamiento. Por ejemplo, es muy distinto tachar a la pareja de dependiente a entender que un apego estrecho puede estar relacionado con el deseo de no querer perder a una persona o una relación que se juzga valiosa.

Respecto a la segunda estrategia de tolerancia (Practicar las conductas negativas en la sesión) consiste en repetir las veces que haga falta una secuencia de las conductas que desagradan, y que normalmente se evitan, con el objetivo de que aumente la tolerancia a estos momentos. Por bien que transcurra la terapia son inevitables los conflictos y aunque el proceso vaya en la dirección deseada, al final siempre habrá alguna recaída en los hábitos anteriores. Por eso es conveniente estar preparado para sobrellevarlos lo mejor posible.

Así, el terapeuta puede proponer que se represente repetidamente uno de esos conflictos, en particular los conectados con los problemas básicos de la pareja. El psicólogo les invitará a reproducir pensamientos y sentimientos que perciben habitualmente en esas situaciones, les ayudará a colocarse con realismo en el contexto y los animará a que no se pongan cortapisas porque el otro esté delante; que digan las cosas como realmente pasan.

Durante el trascurso de esa representación hará ver qué comprensibles son esas emociones, palabras y reacciones, dadas las acusaciones y las circunstancias vividas[46]. Los objetivos de este ejercicio son varios. Por un lado, los prepara para las situaciones conflictivas con un entrenamiento que evitará las reacciones más destructivas y prevendrá la escalada de tensión; por tanto, es como una forma de desensibilización. Por otro, al haber sido ya vista y comentada, la sensación de la pareja será muy distinta: probablemente llevará a exponer los sentimientos en vez de verse arrastrados por ellos (de hecho, el terapeuta al interrumpir y preguntar por las reacciones, sentimientos, palabras, etc., ritualizará el acto de discutir). El ensayo produce un cambio de contexto, ya que puede que no varíe mucho el contenido, pero sí cómo se experimenta. Cuando lo esperable —por puro realismo— es que se produzcan discusiones, esta estrategia, que modifica la dinámica de la situación, es especialmente pertinente y facilita de forma natural el incremento de la tolerancia. Así mismo, al pedir que se haga este ejercicio, se sugiere que la reaparición de estas situaciones es normal y que, cuando llegue el momento de la disputa, la pareja no se desanime tanto; además, al estar 'ensayadas', su impacto siempre será menor. Finalmente, al igual que acontece con una técnica de exposición, la repetición de esta técnica favorecerá un proceso de extinción al aumentar el nivel de tolerancia.

---

[46] Barraca (2016, pp. 95-97).

Por último, fingir en casa discusiones por las conductas negativas es una estrategia de tolerancia con el mismo
propósito de desensibilizar a las parejas ante una circuns-
tancia aversiva[47]. Básicamente, consiste en recomendar
que, en algún momento, actúen simulando una desavenencia característica que en la realidad no se ha dado. Por
ejemplo, un hombre que haya acordado no volver a mirar
el móvil de su pareja, dice que ha vuelto a hacerlo, aunque
no sea cierto. También se pide que, cuando empiecen a
fingir, cada uno observe con atención las reacciones del
otro miembro, algo que podrá hacer muy bien al no estar,
en realidad, alterado emocionalmente (no estar 'en caliente'). El que finge debe indicárselo al otro poco después
de que este comience con su reacción típica (puede decir:
"Estaba haciendo lo que el terapeuta nos pidió. En realidad, no he vuelto a mirar tu móvil"), de forma que no se
fuerce la situación y el altercado no prospere. Es importante que los dos comprendan el sentido de la tarea, pues
no se trata de una prescripción paradójica, sino de una
estrategia para ayudar a observar la reacción del otro y
ganar empatía.

Obsérvese que la tarea es muy distinta de la explicada
en el punto precedente: mientras que aquí se pide que se
finja en casa una discusión característica, mientras que en
el caso anterior la discusión en casa era auténtica, pero
como se había ensayado previamente en sesión (han llevado a cabo una representación, especialmente si se ha

---

[47] Barraca (2016, pp. 97-98).

repetido), el impacto de la discusión real queda amortiguado. La lógica del procedimiento consiste en prepararse mejor para ciertas situaciones negativas en que muy probablemente se recaerá en alguna ocasión, de forma que no pillen de improviso. Este cambio de contexto facilitará que el grado de enfado disminuya. Dado que el que finge está sereno, aunque simule un estado anímico de contrariedad, tiene una oportunidad privilegiada para observar con distancia y frialdad los comentarios y las respuestas de la otra persona. Ya no está dentro o metido, ya no se ve arrastrado por la disputa, por lo que puede observar tanto sus contestaciones habituales (que simula y ahora oye desde fuera) como las reacciones o el dolor de su pareja (que son reales, y hasta ahora él no captaba en toda su extensión al estar ofuscado por su propia implicación) y la dinámica de todo el proceso, lo que cambiará para siempre su perspectiva en el momento en que ocurra realmente. Como las instrucciones de que finjan una de estas situaciones problemáticas se dan a los dos juntos, la pareja está sobre aviso y, por tanto, ante cualquier incidente dudará si es auténtico o simulado. De este modo, cuando empiecen quizás en vez de saltar inmediatamente, de reaccionar, ella o él se preguntarán "¿está fingiendo?" y asistirán al proceso con más calma.

La estrategia de promover el autocuidado, que es la que Cristina propone a Pedro y Marina en este capítulo, consiste para la TIP en incrementar la confianza en uno mismo y la capacidad para autocuidarse o auto-satisfacerse con actividades independientes de la pareja. Así, por ejemplo, como se explica en otros textos e la TIP[48], y justo como pasa en este momento entre Pedro y Marina, si un hombre que depende de su mujer gana capacidad para buscar entretenimiento por sí mismo y emprende más actividades de forma independiente o con amigos, la requerirá menos y se sentirá menos molesto cuando ella lleve a cabo actividades laborales o planes de ocio en que él no participe. Cristina aquí, además, hace que los dos exploren conjuntamente cómo elegir esas actividades de autocuidado o desarrollo personal. Es Marina, de hecho, quien le recuerda algunas cosas con las que disfrutaba, y, al final de la sesión y aún después de ella, siguen con ilusión pergeñando para Pedro un plan en ese sentido.

Por supuesto, también hay que explicar que no se promueve que cada uno haga su vida de manera independiente, sino hacer sentir mejor a aquel de los dos en los momentos en que el otro no puede ayudarle, acompañarle o satisfacerle como necesita; al cabo, el propósito es mejorar la tolerancia ante determinados momentos para que luego pueda incrementarse la calidad del tiempo juntos (recuérdese el ejemplo que pone Cristina acerca de los cuidadores, que realizaron mejor su labor con sus familiares cuando salieron y se airearon durante algún tiempo).

En realidad, es bien sabido que el cultivo de la autonomía y la responsabilidad personal es útil en cualquier relación de pareja, pues a mayor desarrollo de estas actitudes, más posibilidades de no tratar de forzar el cambio en

---

[48] Barraca (2016, pp. 98-99).

el otro y aceptar mejor sus diferencias. Por esta razón, aunque presentada dentro de las estrategias de tolerancia, la promoción del autocuidado también puede convertirse en un camino hacia la aceptación de la pareja.

El planteamiento del autocuidado por parte de Cristina en este momento de la sesión es especialmente pertinente, pues su comprensión resulta más fácil en los momentos en que se producen situaciones enconadas, en las cuales cada miembro está más polarizado y más afectado emocionalmente, como es el caso aquí de Pedro. Pero, además, la manera en que la terapeuta presenta la intervención la vuelve más lógica y natural: por medio de una autorrevelación sencilla. Cristina, como se acaba de recordar, les explica lo que observó ella misma cuando trató en el pasado a cuidadores de personas dependientes. Al preguntarles qué creen que sucedió cuando los cuidadores tuvieron un tiempo para dedicarse a sí mismos y, de ese modo, olvidarse durante unas horas de sus responsabilidades, ambos deducen que eso mejoró su bienestar e incluso la calidad de sus cuidados. Así, Cristina les hace entender que dedicarse a sus propias cosas no supone una muestra de egoísmo (efectivamente los cuidadores amaban a sus familiares cuando los atendían), sino una norma de comportamiento sensata: es bien sabido que la caridad empieza por uno mismo. Obsérvese, además, que la terapeuta introduce la estrategia de forma natural, en el diálogo con la pareja. No dice: "Vamos a aprender una técnica para lidiar con estos sentimientos" o algo parecido, sino que simplemente pregunta a Pedro qué actividades llevaba antes a cabo y le sugiere la posibilidad de recuperarlas, y luego pide a Marina que le ayude en esta tarea. Es esta una manera mucho más adecuada de hacerlo para que se produzca la generalización, como ya se ha indicado al presentar otras de las técnicas de la TIP.

Por otro lado, al tratar el tema del viaje, como Marina le habla de corazón y le asegura que eso no les separará en absoluto, sino al revés, Pedro le hace en correspondencia otra revelación: él podía haber salido más con amigos, pero sentía vergüenza de tener que hablarles de su desempleo. Esto conmueve aún más a Marina para apoyarle y la intimidad de la pareja vuelve a incrementarse. Se observa, por tanto, lo que se presumía: el ejercicio de tolerancia a través del autocuidado (aquí, salir con los amigos), vuelve a ser un camino hacia la aceptación.

7. EL TRATAMIENTO PRODUCE CAMBIOS

Sesión 11

Pedro y Marina entraron de nuevo en la consulta de Cristina, un espacio ya familiar y en el que se sentían cómodos. Su experiencia les decía que el esfuerzo invertido estaba mereciendo la pena, y eso se reflejaba también en su día a día.

En esta ocasión, Cristina tenía pensado comprobar si Pedro había dedicado tiempo a sus propias actividades; si, de este modo, se había autocuidado. Eso sería un buen progreso. Además, también quería dejar algo de tiempo a comprobar el avance en general de la pareja, con la idea de ir distanciando algo las sesiones.

—¿Cómo ha ido la semana? —empezó preguntando de manera general.

—Ha ido bien —contestó Marina—, algo rutinaria, pero para bien.

—Sí, la verdad —añadió Pedro, bastante animado—. No pensé que hacer de nuevo cosas me hiciera sentir tan bien—. Miró a Marina y ambos sonrieron.

Ciertamente, Pedro estaba más relajado y parecía más alegre que de costumbre; no es que anteriormente en algún momento no fuera así, pero sin duda se notaba una diferencia.

—Me gusta ver eso, y también que me lo digas así de contento. Me encantaría que me explicarais qué cosas han pasado —dijo Cristina centrando la atención en lo positivo.

—El fin de semana me animé a salir con unos compañeros que habían quedado para planificar una ruta para la siguiente semana. No fue gran cosa, realmente lo pienso y veo que cualquier persona con una vida más activa que la mía ni siquiera lo consideraría importante... pero para mí lo fue, y mucho.

Pedro contó que había estado en una cafetería con tres de sus antiguos compañeros con quienes compartía el gusto de hacer rutas de senderismo, y habían charlado y repartido responsabilidades a la hora de organizarse: a él le correspondía comprobar la previsión del tiempo en los días previos para no tener problemas en ese sentido.

Contaba esto animado, la cara se le iluminaba, y Cristina pudo notar que Marina miraba sonriente a su compañero, compartiendo su alegría mientras él explicaba todo, aunque a veces le pareció ver algo así como una tristeza fugaz; más tarde se lo comentaría.

—Me gustó mucho sentirme parte de algo de nuevo; era una sensación que echaba en falta. Me siento un poco tonto por no haber hecho algo así antes —terminó Pedro.

—¡Qué bueno! Estoy de acuerdo contigo en que cuando hacemos algo así, que nos mueve tras un tiempo estancados, nos sentimos mucho mejor, y me alegro de que te hayas animado. ¿Habéis hablado entre vosotros de esto? —preguntó a ambos, pero se dirigió a Marina.

—La verdad es que no nos hemos parado mucho a hablar —ella se giró hacia Pedro—. Pero es verdad que te cambia la cara, te veo mucho más feliz que antes, y también es verdad que no te lo dije, pero cuando me contaste que habías quedado con ellos y volviste y me explicaste todo lo que habíais charlado, me alegré muchísimo. ¡También pensé que ya era hora de que me hicieras un poco de caso de vez en cuando! —El tono jocoso dio paso a algunos gestos cariñosos entre ambos.

—Antes de que Pedro quedase con ellos, ¿lo hablasteis los dos de alguna manera? —se interesó Cristina. Quería saber si habían abordado juntos la tarea sugerida en la sesión anterior.

—Sí, él me comentó que estaba pensando en quedar con Rafa y Carlos, y me preguntó qué me parecía, y yo le dije que una idea estupenda, que debería hacerlo y que me gustaría que luego me lo contase.

—Celebro ver que lo habéis hecho en colaboración, de eso se trata. Estamos avanzando y estáis cuidando el uno del otro, y eso puede producir cambios. En este caso, Pedro ha salido, cuando no era algo habitual en él. Como sabéis, es bueno hablar y comentar las dificultades que os podáis encontrar, sobre todo en este punto. ¿Habéis hablado sobre si os preocupa el hecho de que algunas cosas cambien?

—No comprendo, ¿te refieres a que cambien cosas entre nosotros? —preguntó Pedro sin entender muy bien a qué se refería Cristina.

—Creo que se refiere a que, por ejemplo, qué pasaría si tú salieras ahora mucho o algo así; vamos, a la manera como llevaríamos eso —contestó Marina, hablando con él.

—Bueno, no sé, yo no tengo pensado estar todos los días por ahí fuera, como tú... —el viejo hábito de la comparación acusatoria hizo acto de presencia, pero Pedro estuvo rápido y evitó liarla. —A ti, ¿te preocupa que eso pueda pasar?

—No estoy segura realmente, solo antes, cuando has dicho lo bien que te sentías al formar parte de algo, he pensado que tú ya formas parte de algo, de nuestra relación, y me he preguntado si eso no sería suficiente para ti. Creo que me ha entrado algo de miedo... me he sentido algo insegura —le confesó ella.

—¡Oye, que aquí el inseguro y con miedo de verse abandonado soy yo! —bromeó él, y ella sonrió levemente—. Claro que me siento parte de nuestra relación, no entiendo que tengas miedo por esto. Además, lo habíamos hablado, y tú me habías animado a quedar.

—No digo que me parezca mal, de hecho, me parece muy bien y me encanta verte más alegre; creo que es algo de miedo sin más, esto no significa que quiera que dejes de hacerlo, ni que me vaya a enfadar o alejar de ti, Pedro, de verdad —recordó que ese era uno de los principales motivos por los que su pareja no había tomado la iniciativa a la hora de retomar sus aficiones.

Tras hablar un poco más en el mismo tono y con la misma cercanía, Cristina comprobó que ambos estaban preparados para ir enfrentándose cada vez más por su cuenta a los desafíos propios de su vida; que el vértigo esperable ante algunos cambios no supondría un freno para las mudanzas que iban a producirse, y decidió compartir con ellos la idea de empezar a tener una sesión cada dos semanas a partir de ese momento.

—Veo algo muy bueno. Ahora claramente os desenvolvéis con más soltura que antes ante situaciones de riesgo, y eso es un signo muy claro de que estamos progresando. Ya dijimos al principio que la idea era empezar teniendo una sesión por semana, y poco a poco, conforme evolucionase la terapia, cambiar a una cada dos semanas. Creo que estamos en ese punto. ¿Cómo lo veis vosotros? —aunque sospechaba que estarían de acuerdo, sabía que no debía tomar la decisión de manera unilateral.

—Creo que es como tú dices, Cristina, ¿verdad, Pedro?

—Sí, yo pienso lo mismo, en estas semanas han pasado muchas cosas y hemos podido solucionarlo aceptablemente. Supongo que con algo más de tiempo entre sesiones podemos sacar aún más provecho de lo que hablamos aquí.

—Por supuesto, esto no significa que el trabajo haya terminado —matizó Cristina—, se trata, como bien dices, Pedro, de sacarle un mayor rendimiento, dado que en más tiempo podréis tener más experiencias en las que poner a prueba este avance, y cuando volvamos a vernos seguiremos mejorando a partir de ahí. Pero también tened presente que si, por cualquier motivo, veis necesario adelantar una sesión, con confianza llamadme y cerramos una cita antes, ¿vale?

Ambos estuvieron de acuerdo y agradecieron poder contar con ella en caso de que las cosas no fueran como se esperaba. Pensaron que les vendría bien tener más tiempo —y un pago menos, claro— como consecuencia de su buen avance.

Quedaron entre ellos que, en casa, seguirían abordando los mismos asuntos, hablando de todo lo conflictivo, y facilitando el autocuidado del otro de manera conjunta. En quince días comprobarían el resultado.

Sesión 12

Los quince días pasaron mucho más rápido de lo que habían imaginado.

—¿Cómo han ido estas dos semanas? —empezó Cristina.

Le contaron que Pedro estaba teniendo cada vez más actividad, gracias al apoyo de Marina, y que ella se notaba más tranquila respecto a él. Incluso pudieron hablar del viaje de ella con sus amigas.

—Yo me esperaba que él se enfadase o se molestase un poco al menos; pero... fue raro, simplemente me dijo que esperaba que me lo pasase bien y que estaría deseando que volviera —contó ella.

—La verdad es que a veces me da la sensación de que te gustaría que me enfadase. Sé que no es así, pero... no sé... —a Pedro le costaba comprender a su compañera en esta ocasión.

—No es eso. Simplemente no estoy acostumbrada a que no te importe lo que hago.

—Pues claro que me importa, ¿cómo no va a importarme?

—No lo sé... mira, da igual; tú estás últimamente con tus cosas, y oye, no es malo, ya está —sentenció Marina.

Cristina aprovechó este momento para abordar la situación.

—¿En estos días habéis hablado a menudo de esta manera? —preguntó.

—Pues no... pero sí que es cierto que yo me he sentido algo desplazada... y la verdad es que no me gusta nada sentirme así; me siento estúpida, a la vez poco atendida por él y también ridícula, porque sé que realmente le viene muy bien y me encanta verle así de animado y haciendo cosas.

—Me parece que Pedro puede recordar y comprender la manera en que te sientes ahora mismo, ¿es así? —terminó Cristina mirando a Pedro.

—Creo que yo me sentía así cuando te veía con todo tu ajetreo del trabajo. Es verdad que pensaba que yo te daba igual, pero cariño... no es así, de hecho, me encantaría hacer que te sintieras querida —se acercó a ella y le cogió las manos con suavidad.

Estuvieron en silencio unos instantes, y Cristina consideró que estaban en disposición de presentar otra intervención que les uniera.

—Creo que aquí podéis hacer algo muy útil: Pedro, tú quieres lograr que se sienta querida, y Marina, a ti te encantaría recibir esas muestras de afecto. Os voy a proponer una estrategia que explicaré en algunos pasos, y me gustaría que si no comprendéis algo me lo digáis, y entre los tres vayamos aprendiendo la mejor manera de hacerlo, ¿os parece?

Asintieron, y ella empezó a dar la primera instrucción:

—Lo primero de todo, os animo a que penséis, aquí mismo y ahora, en cosas del día a día que podáis hacer para el otro. Cosas pequeñas, menudencias, pero que sepáis que le gustan a vuestra pareja. Eso sí, deben ser detalles, que no tengan un coste elevado en tiempo, dinero o esfuerzo: algo que pueda hacerse y repetirse de manera habitual. Es una tarea totalmente individual, así que dedicad algunos segundos a pensar en ello, y ahora os daré un folio y un bolígrafo para que escribáis al menos cinco cosas que podáis hacer y que creáis que a vuestra pareja le gustaría recibir. No lo digáis en alto todavía: dejad que sea un pequeño secreto. ¿Alguna duda hasta aquí?

—¿Puede ser algo como... bajar la basura? —preguntó Pedro.

—Si no es alguna de las tareas que ya tenéis asignadas en vuestra convivencia común, mejor; se trata de detalles, y cumplir con las tareas entiendo que es una responsabilidad. Así que pensad en un detalle hacia la relación.

—Vale, ya lo he comprendido, algo pequeño pero que no sea necesariamente una obligación —dijo Pedro.

—Exacto, sí.

Cristina les facilitó el material para escribir y les dejó unos minutos para que completase cada uno su lista, de manera independiente. Cuando terminaron, explicó el siguiente paso:

—Vale, ahora cada uno de vosotros va a compartir conmigo la lista que ha hecho, y yo le voy a ayudar a aclararla y comprobar que son cosas sencillas y que pueden servir; mientras, el otro miembro simplemente esperará, lo cual implica no comentar nada sobre la lista del otro; esto es importante, porque la idea de este ejercicio es que os sintáis libres de ofrecer y de recibir aquello que os gusta, poniendo el foco cada uno en la manera en que se quiere comportar, en la persona que quiere ser con el otro. ¿Lo veis como yo? Así que no hagáis gestos, que el otro no pueda descubrir si eso realmente os apetece que os lo den o no.

—Pero... ¿qué ocurre si él, a lo mejor, escribe algo que cree que me gusta, pero a mí no me gusta? —preguntó Marina.

—Es bueno que lo preguntes, claro, por eso os quiero decir que esto es una lista de cosas, no es lo mismo que recibir la acción como tal: ambos queréis estar abiertos a lo que vuestra pareja quiera ofreceros, ¿verdad?

Asintieron.

—De eso se trata entonces; voy a revisar cada lista, y después os explico justo esto.

Empezó consultando la lista de Pedro. Cristina leyó en voz alta:

- Mandarle un mensaje cariñoso y de apoyo mientras esté en el trabajo.
- Cocinarle un plato que le guste.

- Proponerle ver algún capítulo de una serie.
- Estar dispuesto a ver con ella una película de las que huyo en cuanto la pone porque me parece una cursilada.
- Echarle una mano con el blog que tiene ella sobre la fundación en la que trabaja.

Mientras lo iban comentando, a Marina le iba costando no soltar alguna risa con la forma de expresarse Pedro en su lista, pero se contuvo; él tenía curiosidad por la opinión de ella, y también sintió ganas de poner en marcha lo que había escrito.

Cristina revisó la lista de Marina con ella, mientras a Pedro le tocaba ahora esperar y poner cara de póker:

- Estar dispuesta a ver con él algún vídeo de YouTube de las chorradas que le gustan.
- Escribirle un mensaje cariñoso cuando él no se lo espere.
- Darle masajes.
- Pedirle que se duchen juntos.
- Dejarle escondidas notas de "favores" y "vale por" relacionado con pequeñas cosas del hogar.

Tras ver que todo estaba correctamente elaborado y definido, volvió a recolocar a ambos en la misma postura de antes para seguir las instrucciones de este procedimiento:

—Ahora os podéis llevar la lista que cada uno ha hecho, pero de verdad que es muy importante que no preguntéis al otro sobre ella. De lo que se trata es de que cada uno, en estos días, elija por sí mismo una o dos acciones, y las lleve a cabo, centrado en lo que va a hacer para la pareja y pendiente del efecto que tiene en ella o en él. Nos olvidamos por tanto de lo que el otro vaya a hacer por nosotros, ¿de acuerdo? O sea, Pedro, no esperes que Marina haga algo para actuar tú, y lo mismo te digo a ti, Marina.

Ambos asintieron.

—¿Tenéis alguna duda en este sentido?

—¿Podemos hacer más de dos? —preguntó Pedro.

—Bueno, de momento es preferible que no, aunque si os apetece mucho no hay problema. La idea es que ambos os centréis en la persona que queréis ser para el otro, y simplemente lo pongáis en práctica y estéis atentos al efecto que produce. Insisto, no veáis esto como un *sprint* ni competición: no se trata de hacer ahora muchísimas cosas, evitad eso. Debe ser algo que encaje con naturalidad dentro de vuestro día a día, ¿vale? De hecho, tiene que salir muy espontáneamente; si lo veis como un esfuerzo, como algo parecido a una obligación y no como algo que sale de dentro, no nos valdrá.

De nuevo estaban de acuerdo ambos, y fijaron por tanto la siguiente cita para después de quince días.

Salieron animados. Cristina lo sabía: ambos tenían curiosidad, y ese simple hecho era muy halagüeño. Realmente, ella también tenía curiosidad por ver qué pondrían en práctica y cómo se lo tomaba cada uno, aunque estaba convencida de que el efecto sería muy positivo.

***

En esta ocasión, la primera de las consultas (Sesión 11) empieza por la revisión de la estrategia de tolerancia que se indicó en la consulta anterior: el autocuidado por parte de Pedro. La terapeuta —Cristina— se interesa sobre su puesta en práctica, buscando así contrastar si finalmente se llevó a cabo, si se hizo de la manera adecuada y cuál fue su efecto sobre la relación de pareja. Pero, además de recoger esta información, al preguntar y preocuparse por estos detalles refuerza el efecto que las prescripciones pueden tener a lo largo de la terapia. Para conseguir que las indicaciones y sugerencias que se hacen a la pareja resulten importantes y valoradas, la terapeuta debe recordar con claridad lo que recomendó y comprobar su cumplimiento. No se trata de una estrategia de control y nunca se convierte en un medio para censurar a la pareja cuando no se lleva a cabo, sino que es una prueba auténtica y coherente de interés por el desarrollo de su dinámica, lo que posibilitará el que se sigan futuras indicaciones.

Cristina pregunta reiteradamente por la involucración de Marina en esta tarea (*"Han hablado entre ellos de esto"*, *"lo habláis juntos de alguna manera"*). De esta forma, el autocuidado no se enfoca exclusivamente como una estrategia que recae sobre un miembro, pues lo ideal es que ambos colaboren en su planificación y puesta en práctica. Y, de hecho, cuando comprueba que ha sido así, se lo reafirma: *"Me alegra ver que lo habéis abordado de manera conjunta: de eso se trata"*. Sin embargo, no se busca solo de un reforzamiento de esa actividad: también se ofrece una explicación que le da el sentido a la actuación en pareja (*"Estáis cuidando el uno del otro"*).

Es interesante comprobar cómo esta estrategia de tolerancia también produce cambios en los cónyuges (*"Pedro ha salido, cuando no era algo habitual en él"*). Lo que demuestra —otra vez— que desde la aceptación y tolerancia pueden producirse, de forma natural y espontánea, los cambios por los que antes se clamaba. En suma, las modificaciones en la pareja no se dan cuando uno se los exige al otro, sino *motu proprio*, precisamente cuando se deja de forzar a la otra persona. El cambio de actitud y de tono en la conversación, que ahora pasa a ser distendido y cómplice, y la consecución del cambio se observa en la reacción de Marina ante estas mudanzas de Pedro, por ejemplo cuando afirma divertida: *"¡Ya era hora de que me hicieras un poco de caso de vez en cuando!"* Un tono de humor por el que se procura también un distanciamiento del problema, algo que en ocasiones la TIP procura que se adopte como método sano de lidiar con las diferencias.

Después del análisis de la ejecución y efectividad de la estrategia de autocuidado, se entra en otra fase de la terapia cuando Cristina, aprovechando que se ha producido el cambio mencionado, pregunta a la pareja si les preocupa que puedan producirse nuevos cambios. Esta actitud puede sorprender, pero debe entenderse que es lógico que surjan ciertas resistencias al cambio de un determinado *statu quo* instaurado desde hace tiempo en el seno de una pareja. Cuando los cónyuges llevan muchos años

con una dinámica —aunque sea negativa— cuesta entender cómo sería su vida si se alterase. Por eso, la terapeuta
se adelanta, de forma previsora, a algunas de las reacciones posibles.

Y, de hecho, sacar este tema hace que Marina se atreva
a confesar que sí le rondan y preocupan algunas cuestiones: ¿Cómo se sentiría si Pedro saliera ahora repetidamente con los amigos? ¿No contrapondría lo uno (su relación) a lo otro (sus amigos)? ¿No lo alejaría en alguna
medida de ella? Aunque Marina ha estado pidiendo —exigiendo, incluso— que rompiera con su pasividad, percibe
ahora que lo cierto es que dejar de tenerlo ahí, en la casa,
a su alcance (y aunque dijera que eso le desagradaba)
constituía algo seguro.

No obstante, este no es el único cambio que espera a la
pareja. Cristina les propone también, visto el clima positivo reinante, dar un salto valiente y pasar las consultas a
una periodicidad quincenal, en vez de tenerlas cada semana. La propuesta remueve un poco a la pareja, aunque
la acaban interpretando como un signo de avance. El paso
a dos semanas favorece el que disminuya la dependencia
de la terapeuta para el desahogo y el bienestar emocional.
A tanto tiempo vista, la pareja no tiene más remedio que
resolver las cosas en casa, antes de volver a la consulta, lo
que promueve su autonomía para solucionar sus conflictos.

En la segunda sesión de este capítulo (Sesión 12),
transcurridos ya por tanto los quince días, se empieza
abordando un tema que antes había resultado muy espi-
noso (recuérdese el concepto de "campo de minas" que se

expuso en el capítulo 3). Se trata del viaje de Marina con sus amigas, que tanto temor despertaba en Pedro. Sin embargo, en este caso, se habla con calma y normalidad. Pedro asegura que desea sinceramente que Marina lo pase bien. Sin embargo, sucede algo previsto por Cristina en la sesión anterior: determinados cambios rápidos, aunque sean positivos (y ambos miembros de la pareja así lo consideran) les descolocan. *"Sí que es cierto que me he sentido algo desplazada (....) Me siento estúpida"*, dirá Marina. Pedro también capta y responde en coherencia con estas reacciones: *"A veces me da la sensación de que te gustaría que me enfadase"*. Marina lo niega, pero quiere cortar la conversación cuanto antes.

Al observar estas últimas dinámicas, Cristina indaga sobre su comunicación mutua últimamente. Espontáneamente, tanto Marina como Pedro hablan de sus sentimientos y cesan en sus acusaciones (algo propio de la unión empática), especialmente Pedro, que en vez de negar lo que dice Marina, se dirige a ella con afecto y ternura —tanto en sus palabras como en sus gestos— y le aclara cómo se sentía él (*"yo me sentía así cuando te veía con todo tu ajetreo del trabajo..."*). Él conecta así con las emociones de ella y le expresa su deseo de transmitirle cariño. Esta generalización de las estrategias de aceptación son una muestra de la utilidad de la terapia y de lo adecuado de espaciar las sesiones para que lo entrenado o, mejor dicho, vivido en las consultas se traslade de forma directa y natural al hogar de la pareja. Hay que entender que, aunque la terapia vaya bien y acabe de forma exitosa, eso no significa que no se vayan a producir tensiones y situaciones dolorosas, pero sí que se habrá mejorado en la capacidad para gestionarlas.

El punto en el que está justo entonces la pareja hace que Cristina proponga a continuación una de las estrategias de cambio: **el intercambio de conductas**. En este caso, como un medio oportuno, dado el momento de la pareja, para que se refuerce el clima positivo.

Es importante recordar que las estrategias de cambio también forman parte de la TIP (recuérdese que el término "integral" alude igualmente al equilibrio entre las de aceptación y el cambio). Estas técnicas son el medio directo para mejorar ciertos aspectos de la relación, como son el clima de agrado y refuerzo mutuo (a través de la estrategia que ahora propone Cristina), la buena comunicación y la capacidad de adoptar soluciones y resolver problemas conjuntamente (a través de las estrategias de comunicación y solución de conflictos). El aprovechar todas estas tácticas supone que la TIP no desecha ni proscribe la terapia conductual de pareja tradicional, sino que la amplía y supera, asimilándola e incorporándola en un enfoque comprensivo más extenso.

Igualmente, debe aclararse que la implementación de estas técnicas no es algo que tenga que hacerse en todos los casos. En realidad, de acuerdo con la actitud más o menos colaborativa y más o menos comprometida con que la pareja llega a consulta, la intervención se orientará aprovechando tanto las técnicas de aceptación como de cambio, que se presentarán en un orden u otro conforme a varias consideraciones[49]. Cuanto más estrés, más tensión, más problemas, más acusaciones y, por tanto, menos posibilidades de trabajar y esforzarse de forma conjunta por mejorar la relación, más conveniente es comenzar con las estrategias de aceptación, como fue el caso de Marina y Pedro; por el contrario, una actitud de más implicación y confianza en el futuro de la relación, en la que ambos se sienten responsables de la situación y en que cada uno está concienciado de que ha de poner de su parte para que el malestar se disipe, más posibilidades de aprovechar las técnicas de cambio.

Como Pedro y Marina en este momento de su relación ya han logrado ese nivel de compromiso e implicación, a fin de reforzar determinados aspectos puede proponérseles esta intervención de intercambio de conductas, que necesariamente implicará su colaboración. Las técnicas de cambio, por tanto, pueden aprovecharse en una terapia cuando se quiere ir 'algo más lejos' si cabe en las interacciones positivas; o bien cuando, aunque se ha logrado la aceptación, no se han producido otras mejoras espontáneamente a partir de esta.

Cristina explica con detalle la estrategia de intercambio de conductas (que es un tipo de intercambio de reforzadores), consistente básicamente en que cada miembro se comprometa a poner en práctica unas determinadas conductas que resulten agradables para la otra persona si se pretende que ambos se sientan queridos y bien atendi-

---

[49] Barraca (2016, pp. 121-122).

dos. La terapeuta resume de forma didáctica sus principales pasos: pensar en cosas cotidianas que puedan agradar al otro miembro, elaborar la lista, repasarla con el terapeuta (para comprobar que son cosas sencillas, viables, del día a día y no costosas) e invitar a ponerla en práctica progresivamente y a su libre albedrío. Y finalmente, observar el efecto sobre la pareja y tener en cuenta las opiniones de esta para perfilarla de manera más adecuada. Después de décadas de utilización, la TIP estima que esta es la manera en que la estrategia de intercambio de conductas tiene más garantías de funcionar[50]. Fundamentalmente, porque así se propone no como obligaciones que ambos deben cumplir y por las que se les pedirán cuentas (como en un contrato conductual), sino porque así se preserva la voluntariedad a la hora de ejecutar las conductas.

Las listas que elaboran Pedro y Marina son adecuadas porque, efectivamente, están compuestas por actividades concretas, no costosas ni especiales (por ejemplo, no son "comprar una joya", "hacer un viaje al Caribe", "ir a cenar a un restaurante muy lujoso"); además, son operativizables, es decir que se puede afirmar taxativamente si se han cumplido o no (si fueran algo así como "ser más educado o ser más cariñoso con ella" no podría afirmarse con seguridad que se ha logrado). Asimismo, Cristina se garantiza la comprensión de la tarea y de cómo ponerla bien en práctica. Por eso aclara que por ahora basta con hacer una o dos y que no deben autoexigirse más, pues es importante que no acarreen demasiado sacrificio o esfuerzo.

---

[50] Jacobson & Christensen (1998, p. 156).

Este planteamiento provoca que hacer estas tareas por el otro sea algo espontáneo, natural y deseado; y que es justamente lo que sucede en una pareja que se acaba de conocer y empieza con ilusión sus primeros contactos. En esas ocasiones se desea fervientemente tener un gesto agradable y que sorprenda positivamente a la otra persona. Con esta prescripción, la evocación de esos momentos tan dichosos es justo lo que trata de recuperar Cristina, y, efectivamente, Pedro y Marina salen de la terapia con ilusión renovada y mucha expectación.

8. AFIANZANDO Y AMPLIANDO EL TRATAMIENTO

Sesión 13

—¡Ha sido increíble! —contaba Marina— la verdad es que cuando salimos de la consulta la última vez no me esperaba que algo tan simple nos pudiera hacer sentir tan bien.

Cristina los vio entrar cogidos de la mano, algo que hasta entonces no había sucedido, y pudo adivinar que estas dos semanas habían sido muy dichosas para la pareja.

—¡Cuánto me alegra veros así de felices! ¡Se os nota desde que habéis entrado! ¿Qué cosas habéis elegido de la lista que hicisteis?

Marina contó que Pedro la sorprendió enviándole algunos mensajes en los que le daba ánimos y en los que le decía lo que la echaba de menos.

—No soy muy empalagosa... aunque la verdad es que ver eso en el móvil hizo que se me escapase alguna sonrisa tontorrona en el trabajo; una compañera lo notó y eso me gustó más. Igual suena un poco feo decirlo... pero me gusta presumir un poco de pareja.

—No suena nada mal. Y es una sensación muy lógica y buena, creo que eso nos gusta a todas —se hizo cómplice de manera natural Cristina. —Pedro, ¿tú cómo te sientes al ver así a Marina?

—Exultante: que esté así de feliz por algo que yo he hecho es de lo mejor que puedo vivir... y hacía mucho que no lo sentía. Entre las discusiones que teníamos y que yo mismo solo me fijaba en lo más negro...; ya empezaba a pensar que no le gustaba nada de mí, pero esta reacción me confirma que no es así para nada, y realmente por algo muy simple como mandarle un mensaje, que podría haber enviado en cualquier momento hace tiempo. Al final las cosas más simples son las mejores —terminó reflexionando.

También Marina contó que le encantó que Pedro quisiera ver con ella la película *Belleza oculta*:

—Sé que es un suplicio para él, y se le notó un poco —se rio ella mientras lo contaba.

—¡Es que es un dramón y de esas que quieren ir con mensaje muy profundo! Pero oye, a ti te encanta, y a mí me gustó ver cómo la disfrutabas... aunque quisiera preguntarle a Cristina si no es un problema psicológico eso de disfrutar de los dramas ajenos. El pobre Will Smith lo pasa fatal, ¡y ella diciendo que era bonito! —añadió Pedro en tono divertido.

—¡Pero bueno! —respondió riéndose Marina, y dándole un golpecito con el codo en el brazo a su compañero. Cristina tampoco reprimió la risa.

Terminaron contando que Pedro acompañó la película con una cena que significó mucho para ellos a pesar de su simpleza: hamburguesas con patatas fritas. Marina contó que en realidad era un detalle, porque en los primeros días que empezaron a conocerse él le invitó a ella a una hamburguesería que terminó convirtiéndose en 'su sitio'.

Al principio de la relación, tenían la costumbre de hacer "noche de hamburguesas" en casa, a modo de detalle con ellos mismos, pero poco a poco habían dejado a un lado la costumbre.

—¿Cómo fue con la lista de Marina? —se interesó Cristina.

—Pues hizo algo que me encantó —dijo Pedro—, porque, además, coincidió con un momento en que yo estaba algo bajo de ánimo; el sábado quiso salir con sus amigas hasta tarde y a mí me apetecía también salir a tomarme algo con los chicos y después quedarme en casa tranquilo jugando un rato al ordenador. No me esperaba que ella me escribiera para decirme que me echaba de menos, que se lo estaba pasando muy bien pero que conmigo sería todavía mejor, y que tenía ganas de volver a casa y estar en la cama conmigo.

Al igual que antes, Cristina los animó a que hablaran sobre ello. Marina explicó que intuía que a Pedro le gustaría eso, y le salió de muy buena gana, no se sintió para nada obligada: simplemente quería tener ese detalle con él.

—Creo que has dado con la parte más importante de esto: que salga de una misma, de buena gana, sin sentirse obligada. ¿Compartisteis algo más? —siguió interesándose.

—Pues... sí, hace dos días me encantó que yo me estaba duchando, el sábado, y ella estaba haciendo sus cosas, y no me esperaba para nada que entrase a ducharse conmigo, que es algo que siempre me ha encantado. Sé que a ella le gusta más que nos duchemos cada uno por su lado, porque así vamos más rápido y demás, pero me sorprendió mucho. Bueno, la ducha fue...

Aquí Marina se sonrojó un poco y sonrió pícaramente mirándole a él y rehuyendo algo avergonzada la mirada de Cristina.

—...fue algo más larga, me encantó verla tan interesada en mí, hacía mucho tiempo, bastante, que no la veía con tantas ganas de estar conmigo así.

—La verdad es que fue muy similar a lo de mandarle el mensaje —dejó la vergüenza a un lado para hablar, al recordar que Cristina siempre le hacía sentir cómoda dijera lo que dijera.— Simplemente empecé a pensar en que él estaba en la ducha, eso me activó... de repente me apeteció estar con él, que me abrazase y no tener ninguna prisa... tuve ganas de... bueno, ¡ya sabes! —dijo algo rápido y riéndose un poco— pero sobre todo tenía ganas de satisfacerle, y fue genial, porque salió todo muy natural y disfruté muchísimo de verle a él pasárselo tan bien.

—¡Vaya!, sí que suena bien, y de verdad me alegra que, aunque os cause algo de vergüenza, lo comentéis aquí. Claro, es normal que dé un poco de reparo, pero creo que es estupendo lo que me habéis contado. ¿Pedro, cómo te sentiste recibiendo esta sorpresa de parte de Marina?

—Sentí que cuanto más me complacía ella, más quería complacerla yo; me motivó muchísimo verla tan interesada, con tantas ganas, y solo tenía deseos de verla disfrutar a ella también.

—...lo conseguiste, lo conseguiste... —añadió su pareja riéndose un poco.

—¡Claro que sí! Si os fijáis, en estas cosas que me habéis contado hay un elemento que hace que disfrutéis ambos mucho... y no tiene nada que ver con pedirle al otro algo. ¿Qué creéis que es? —Cristina quería que sacasen sus propias conclusiones, facilitándoles un poco el camino.

Ambos lo vieron rápidamente: se habían olvidado de lo que cada uno pedía o pensaba que le debía el otro, y se centraron en lo que a su compañero/a le gustaría. Vieron que eso les hacía felices, y merecía la pena. Además, añadieron que se mostraron menos vigilantes de lo que hacía el otro. Cristina les preguntó también si les costó en algún momento seguir las indicaciones que les dio, y admitieron que a veces pensaban en qué haría la pareja... pero lo dejaban pasar, recordando cuál era su misión.

—Es totalmente como decís, cuando uno se enfoca en el otro de una manera sana y desinteresada, el bienestar mutuo se potencia. Os animo a que os llevéis esto que habéis aprendido y lo tengáis como algo con lo que cuidaros en casa, siempre que queráis, y para facilitároslo os voy a hacer un resumen con los pasos a seguir —terminó diciendo mientras cogía papel y bolígrafo. Apuntó lo siguiente (Figura 6).

—Tenerlo así por escrito creo que es estupendo, ¿verdad? —dijo Marina mirando a Pedro.

—Sí, estos esquemas nos vienen muy bien, siempre facilita verlo plasmado, así es mucho más fácil hacerlo bien.

Alegrándose por serles de utilidad, Cristina empezó a cerrar la sesión preguntándoles por los siguientes días.

Figura 6. Proceso para el intercambio de conductas
gratificantes para la pareja

CUIDARNOS

1. ¿Qué le gustaría a mi pareja recibir de mí?
   Hago una lista de cosas concretas y sencillas.
2. ¿Qué cosas de la lista me motiva más hacer?
   Elijo una o dos.
3. ¿Cuándo y cómo lo voy a hacer? Me planifico
   un poco y le hago hueco en la agenda.
4. Lo llevo a cabo.
5. ¿Qué he percibido de mi pareja?, ¿cómo me
   he sentido yo? Hablamos sobre ello para conocernos mejor.
6. Vuelvo al punto 1 cuando desee.

—¡Se nos había olvidado decírtelo! —dijo Marina con
alegría. —Pedro tiene la semana que viene tres entrevistas
de trabajo.

—¡Es verdad! —añadió él— No quiero ser demasiado
optimista, la verdad... pero de esas tres, espero que al menos una tenga un buen resultado.

—¡Qué bien!, ¡sí que es una buena noticia! —Cristina
pensó que era algo que ayudaría a la pareja tanto a poner

a prueba su avance como a estar unidos si había un cambio.

Tenían la siguiente sesión en quince días, por lo que la psicóloga les sugirió estar atentos a lo que ocurriera entre ellos con las entrevistas de Pedro, mientras seguían con la actitud de las semanas anteriores.

Salieron animados de la consulta, y Cristina reflexionó unos segundos mientras se organizaba para la siguiente cita: ¿Conseguiría Pedro un trabajo que le gustase? Y, en caso positivo, ¿qué tipo de trabajo sería?, ¿supondría un desafío para el que la pareja estaba ya preparada? En un par de semanas tendría la respuesta.

Sesión 14

—¡Enhorabuena! —felicitó Cristina a Pedro al enterarse del buen resultado de las entrevistas de trabajo.

Pedro contó que la primera entrevista fue un fracaso total. Consistió en una dinámica de grupo en la que los diferentes candidatos tenían que realizar pruebas de equipo y cosas así. Él se puso realmente nervioso y se bloqueó. Sin embargo, la segunda y la tercera sí que dieron buenos resultados: había sido seleccionado en ambas y tenía que decantarse por uno de los trabajos.

—Es una buena noticia, sí, pero... esto nos ha ocasionado un problema, llevamos varios días discutiendo y no llegamos a un acuerdo —comentó él.

—El problema —añadió Marina— es que uno de los trabajos es realmente bueno... pero es en Madrid. Y el otro, que no es malo, aunque las condiciones generales no son tan ventajosas, sí es aquí, en Ibiza. Y no sé... para mí estaría claro —el tono de Marina en este momento era algo duro.

—Me gustaría que me contaseis cómo habéis intentado tomar una decisión hasta ahora.

Explicaron que, en realidad, de ninguna manera. Pedro dijo que no sabía qué hacer, Marina se sintió mal porque esperaba que dijera que se quedaba en Ibiza, y él se sintió ofendido al no percibir su apoyo.

—Me gustaría que me apoyases, sabes lo importante que esto es para mí —hablaba Pedro en la mecánica habitual de discusión con su pareja. —No creo que sea justo que me culpes por pensármelo... Además, si nos ponemos así por esto, ¿qué tendría que hacer yo con el viaje de tus amigas, que ni siquiera es trabajo y del que me enteré de casualidad?

—¿De verdad vas a entrar ahora en eso? —contestó ella visiblemente molesta— Mira, no se trata de que no te apoye, se trata de que veo que no tienes en cuenta lo que yo pueda pensar, ni siquiera me has dicho de hablarlo, solo has dicho que "lo estás pensando". ¿Dónde queda lo que yo pueda querer?, ¿qué ocurre si tú eliges aceptar la oferta de Madrid?; ¿tendría yo que renunciar a mi trabajo y a mis amigas?

Cristina empezó a ver dónde estaba el problema en este caso, y vio oportuno empezar a trabajar en ello.

—Parece que esto no es nuevo, ¿verdad? ¿Habéis tratado de solucionar este problema hablando de esta manera en casa?

Asintieron, vieron que estaban haciendo en consulta lo mismo que habían hecho en casa los días anteriores.

—Es normal que ante tomas de decisiones complejas os enredéis, así que, si os parece, vamos a tomar algo de perspectiva para ver cómo podéis adoptar una decisión en este asunto de manera que no os desgaste.

Los dos estuvieron de acuerdo: estaban empezando a estar agotados de hablar y hablar, y no llegar a ninguna solución, pero sí empezaban a distanciarse el uno del otro.

—Lo primero que quiero pediros es que me digáis cuál es el problema exactamente. En este rato habéis hablado de una decisión que hay que tomar, y a la vez habéis sacado otros temas y asuntos. Pero exactamente, ¿cuál es el problema?

—Bueno, el problema es que hay que tomar una decisión —contestó Pedro.

—¿Sobre qué?

—Sobre su trabajo —añadió Marina—. Bueno, más concreto, sobre cuál de los trabajos debe escoger: el de Madrid o el de Ibiza.

—Vale, el problema es la toma de decisiones en relación con el nuevo trabajo de Pedro. Si os fijáis, esto nada tiene que ver con que Marina se vaya con sus amigas de vacaciones, ni con que Pedro quiera solucionar esto por su cuenta. ¿Lo veis así?

Estaban de acuerdo: era cierto, posiblemente los otros asuntos molestasen también, pero no tenían mucho que ver con la solución de este problema en concreto.

—De acuerdo, este es el primer paso: acordar cuál es exactamente el problema; esto nos va a ayudar a dejar fuera otros asuntos y así poder dirigir todo vuestro esfuerzo a solucionarlo. Os quiero preguntar ahora lo siguiente: ¿En qué momentos habéis intentado solucionar esto?

—Momentos como tal... ninguno... hemos hablado cuando hemos tenido tiempo, sobre todo por WhatsApp y por teléfono también, cuando yo he tenido algún descanso —contestó ella.

—Sí, es verdad que no hemos tenido ningún momento para hablarlo en condiciones —completó Pedro.

Simplemente ser conscientes de esto ya les estaba dando algunas pistas. Ambos se dieron cuenta de que estaban hablando sobre una decisión que podría cambiar sus vidas por WhatsApp. No era de extrañar que no llegasen a nada positivo cuando los medios que empleaban eran tan inadecuados.

—Vale, según me contáis, no habéis hablado del problema dedicando un tiempo y un espacio exclusivamente para ello —reflejó Cristina.

Asintieron.

—Es verdad. Esta no es manera de tratar la cosa —reconoció Pedro.

Cristina les comentó que el primer paso era definir el problema al que se enfrentaban, tal y como habían hecho, y que el segundo era buscar un entorno y unos momentos que facilitaran llegar a una decisión juntos; así, pidió a ambos que hablasen sobre qué condiciones creían que serían las más adecuadas para conseguirlo.

—Creo que tendríamos que sentarnos tranquilamente en casa, y renunciar a conversaciones rápidas por

WhatsApp —dijo Pedro, y a Marina le gustó ver esto de su parte, percibía que Pedro la incluía en el asunto.

—Sí, eso es verdad; además, deberíamos hablar sobre el propio problema porque si no, al final acabamos divagando —añadió Marina.

—Es muy bueno que veáis eso. Una discusión sobre un tema para tomar una decisión puede ser realmente muy útil y productiva, siempre y cuando se ponga el mimo y la atención necesarios para ello. También, me gustaría hacer otra pregunta a ambos: ¿Quién tiene este problema?

De nuevo, la respuesta a la pregunta fue muy esclarecedora: ambos, la pareja. Al decirlo en voz alta, lo hicieron mucho más palpable.

—Es cierto —dijo Cristina—, lo tenéis ambos, y tenéis que resolverlo como equipo.

—Remando en la misma dirección —recordó Pedro.

—Hemos visto la primera parte, definir el problema, y la segunda parte, procurar un entorno y una actitud adecuada para superarlo. La tercera parte a la hora de abordar decisiones sobre un problema consiste en tener en cuenta una serie de reglas que son muy útiles, aunque puedan pareceros algo rígidas. Para que sea algo más ameno y sobre todo adaptado a vosotros, os voy a facilitar una copia de estas reglas. Me gustaría que, a continuación, y entre los dos, las leáis, habléis sobre ellas y me digáis las que creéis que os pueden beneficiar más. ¿Os parece?

En ese momento les pasó un folio con un listado del que tenía varias copias en el despacho. En este se podía leer lo siguiente (ver Figura 7).

Figura 7. Cómo tomar decisiones en pareja

**REGLAS PARA SOLUCIONAR CONFLICTOS
Y TOMAR DECISIONES JUNTOS**

1. Enunciar el problema en positivo.
2. Enunciar el problema de forma específica y concreta sin juzgar.
3. Hablar de las emociones que cada uno tiene en relación con el conflicto.
4. Ser breve y tener un diálogo orientado a la solución y no al enredo.
5. Reconocer la mutua implicación y responsabilidad en la solución.
6. Solucionar un problema cada vez (en lugar de tratar de resolver varios).
7. Transmitir a la pareja que se entiende su punto de vista.
8. No poner palabras o pensamientos en el otro: no suponer.
9. Evitar críticas y ataques.
10. Lluvia de ideas con las posibles respuestas al problema: orientarse a la solución. Escribir las más plausibles. Mejor si son variadas, aunque de entrada puedan parecer algo disparatadas (luego se elegirán las realmente útiles).
11. Especificar para cada solución qué cambio concreto en el comportamiento implicaría para cada uno, de manera realista.
12. Establecer pros y contras para cada una de las alternativas, y, también en común, de cada solución planteada.
13. Llegar a un acuerdo que cierre la toma de decisiones y finalice el conflicto. El acuerdo debe ser específico, concreto, no abierto a la interpretación y lo mejor es dejarlo por escrito.

Al leerlas y comentarlas, los dos veían que habían hecho justo lo contrario. ¡Era inevitable que se enredaran!

—No me extraña que tengamos tanto lío en este sentido... ¡te podríamos hacer una lista justo con lo opuesto de cada regla! —comentó en tono jocoso Marina, y Pedro le acompañó asintiendo.

—Tener por escrito algunas ideas útiles es algo que puede sorprender, claro. Incluso de las cosas más triviales, si viéramos una lista de pasos que seguir, seguramente nos daríamos cuenta de muchos aspectos que estaríamos pasando por alto, y que sin duda mejorarían definitivamente nuestro desempeño. ¿Qué puntos os han llamado más la atención? —se interesó Cristina.

Marina consideró muy útil no prejuzgar. Ella misma vio que tendía a ponerse en lo peor y a enzarzarse por eso. Pedro, por su lado, se dio cuenta de que le costaba mucho concretar posibilidades, y también centrarse en la discusión sobre la solución en vez de irse por las ramas. El simple hecho de observar esos puntos reflejados y reflexionar sobre ello, les facilitó advertir el beneficio que podrían obtener si seguían, al menos, algunas de las reglas.

—No se trata de ser excesivamente rígidos —matizó Cristina— aunque sí que es cierto que, cuanto más os ajustéis a esos puntos, mejor resultado obtendréis. ¿Os imagináis dedicar una o dos horas a discutir el tema del trabajo de Pedro y, pasado ese tiempo, tomar ya conjuntamente una decisión?, ¿cómo os sentiríais?

Contestaron al unísono: liberados y relajados. ¡Qué ahorro de tiempo y energía!

—Yo también lo creo, así que os propongo que os llevéis la lista y la pongáis en práctica en estas dos semanas, en algún momento que elijáis, y me contéis qué decisión habéis tomado, ¿os parece?

Marina y Pedro salieron de la consulta habiendo aprendido una nueva manera de solucionar sus problemas, y decididos a utilizarla en su día a día.

¿Se quedarían en Ibiza o se marcharían a Madrid? Cristina no sabía qué pasaría, pero estaba segura de una cosa: lo decidirían juntos.

Sesión 15

—Nos quedamos en Ibiza —dijo Pedro mientras miraba sonriente a su pareja y le apretaba la mano.

—Está muy bien que hayáis llegado a una decisión, ¡seguro que será buena! Contadme, ¿cómo lo habéis hecho? —Cristina quería saber si habían practicado la solución de conflictos de la sesión anterior.

—Lo más importante fue postergar la discusión hasta que estuviéramos sentados y con tiempo —empezó Pedro.

—Sí, dijimos que dejaríamos de hablar de ello por WhatsApp, por teléfono, correos electrónicos o de maneras así hasta que no sacásemos tiempo para tratarlo en persona —continuó Marina—, y como él tenía que dar una respuesta no demasiado tarde, fijamos dedicar la mañana del sábado a ocuparnos de esto, exclusivamente.

Contaron que tuvieron siempre el folio delante, y jugaron un poco a 'cazarse': tenían que señalar al otro, sin ser desagradables, cuándo se alejaba del tema o se liaba con suposiciones ilógicas; esto les sirvió porque se rieron en más de una ocasión. También, recordaron cuándo dejaban de escucharse y cuándo se interrumpían; muchas veces Pedro cortaba a Marina cuando ella estaba tratando de dar su punto de vista, y al final ella perdía el hilo.

—Yo le pude explicar que para mí era muy importante quedarme en Ibiza, porque he hecho aquí mi vida; mi trabajo y mis amigas significan mucho para mí. Me di cuenta de que esto mismo no se lo decía a Pedro, porque me parecía algo egoísta y no sé por qué; pero al final, al poder expresarme, y estar él dispuesto a escucharme, le dije lo que realmente quería. Él sabe que estaría dispuesta a irme a Madrid... pero supondría una renuncia muy importante en mi vida.

—¿Te ayudó eso? —preguntó Cristina mirando a Pedro.

—Sí, mucho. Las condiciones del trabajo de Madrid son mejores y me gustaban más, pero si elegir ese trabajo trae aparejado que Marina renuncie a cosas tan importantes... y... bueno, entonces no lo quiero. Cuando me dijo de manera tan clara que su trabajo y amigas eran fundamentales en su vida me ayudó a tenerla en cuenta. Esto me facilitó pensar que realmente mi prioridad nunca ha sido el trabajo: siempre lo he visto como un medio. Y sí tengo claro que mi prioridad es estar con Marina... y eso no es ningún medio para nada, simplemente quiero estar con ella.

Cristina percibió la unión y la sensación de equipo que esta frase de Pedro transmitía, y supo que era un buen indicador de que podrían finalizar pronto la terapia.

—Eso me encantó de él. Hasta entonces nunca me lo había expuesto de esa manera, y supongo que yo tenía miedo de que él antepusiera su trabajo a mí —continuó Marina—. A partir de ahí empezamos a valorar los pros y los contras para cada una de las dos opciones posibles, y lo que implicaría, pero esto duró poco: haber seguido los pasos anteriores hizo que ambos tuviéramos bastante claro todo el proceso; y los contras que encontramos como equipo en irnos a Madrid (coste económico de la vida allí, tipo de vivienda, clima, que inicialmente únicamente tendríamos un sueldo, etc.) superaban a lo positivo de quedarnos aquí en Ibiza —Marina reflejó así que el proceso de solución de conflictos les fue realmente útil.

—En el peor de los casos, si este trabajo me va fatal y el de Madrid hubiera sido mejor, que es algo que tampoco puedo saber, sé que ella estará a mi lado para apoyarme —comentó Pedro.

—Eso siempre —acabó Marina.

Terminaron comentando que celebraron la decisión saliendo a cenar fuera y dedicándose ese tiempo, como pareja, porque sabían que se lo merecían, y disfrutaron de la tranquilidad de haber terminado con ese conflicto mediante una toma de decisión en equipo.

—Es estupendo veros así —confesó Cristina visiblemente emocionada—, de verdad; si os vierais desde fuera os daríais cuenta de lo mucho que habéis adelantado. Vuestra implicación y trabajo conjunto en la relación es ejemplar, y aquí están los resultados, ¿cómo lo veis vosotros?

Lo confirmaron: percibían un cambio sustancial en su relación, y si lo comparaban con los meses anteriores... no había color. Admitieron que, sin duda, no estaban de acuerdo en todo y seguían discutiendo, pero sin hartarse, y no estar de acuerdo no les hacía sentir separados o poco queridos.

—Eso que comentáis es un buen indicador de que el trabajo terapéutico puede empezar otra fase, la de seguimiento. Si os parece, podemos realizar una sesión más dentro de otros quince días, para hacer una valoración y una prevención de recaídas: creo firmemente que estáis en ese punto. No os preocupéis: solo iremos distanciando más las sesiones si todo sigue así de bien. Os entrego una copia del cuestionario que vimos al principio, de cuyo contenido seguramente os acordéis más o menos, y ya sabéis: rellenadlo de manera independiente. Así, en dos semanas podremos hacer una valoración más objetiva y comparada con los resultados iniciales.

Este punto dio seguridad a la pareja. Además de lo percibido, tener algún criterio más objetivo en el que se plasmara su evolución les parecía profesional y les hacía confiar todavía más en Cristina.

Con los cuestionarios entregados en sobres, salieron de la consulta. Se alegraron de estar justo en ese momento: mejorando, más unidos que nunca.

***

Esta secuencia de sesiones resulta clave para entender cómo plantea la TIP la incorporación de estrategias de cambio para hacer progresar la terapia hasta el final, de manera que la pareja quede preparada para un buen cierre. Si bien la clave ha estado en lograr previamente la comprensión mutua y la aceptación del sentido de las conductas del otro (lo que suponía olvidarse de intentar cambiar al otro miembro y comprender su postura), es cierto que con la incorporación de procedimientos como los que se presentan ahora —la mejora de los estilos comunicaciones y, singularmente, la técnica de solución de problemas conjunta—, se ha reforzado el efecto positivo de la terapia y se han alcanzado mayores cotas de bienestar.

En el primero de los encuentros (Sesión 13), la terapeuta, Cristina, empieza constatando el clima tan positivo que ha generado la estrategia de intercambio de conductas. Algo que se pudo lograr gracias a las indicaciones precisas respecto a la técnica y a la ya mencionada actitud de aceptación. Aunque el intercambio de conductas (recuérdese, de reforzadores) es una estrategia de cambio y no de aceptación o tolerancia, no obstante sirve a la pareja como método para acercarse y aumentar su intimidad, como se comprueba en los comentarios de Marina sobre su "sonrisa tontorrona" tras recibir el mensaje de Pedro cuando ella estaba en el trabajo o el tono jocoso de Pedro al hablar del dramón que es *Belleza oculta*, y finalmente en la relación sexual que ambos tienen en la ducha.

La terapeuta, al repasar junto a la pareja la puesta en práctica de esta técnica, no solo observa sus efectos, sino que compruebe la buena comprensión del procedimiento. De hecho, este es completo porque han captado lo esencial, que no es tanto conseguir una ejecución correcta del intercambio de reforzadores, sino reconocer que lo hacen porque les sale por propia voluntad, no como si fuera una obligación. Así lo dice Marina: *"Me ha salido de muy buena gana, no me sentí para nada obligada: simplemente quería tener ese detalle con él"*. Por esta actitud se conecta con la emoción real que se busca estimular: la ilusión propia del inicio de la relación, que es la que igualmente provocaba de forma natural las manifestaciones de cariño de antaño.

Justamente por haberla llevado a cabo y haber sentido en consecuencia sus efectos, Marina y Pedro pueden responder sin dudas a la pregunta que Cristina les formula: *"¿Por qué disfrutasteis ambos?"* Por estar centrados no en los propios deseos sino en los del otro miembro de la pareja. Con la incorporación de este modo, propio de la TIP, de incluir el intercambio de conductas, se logra deshacer progresivamente el egoísmo del que se siente agraviado y está continuamente buscando la compensación. En vez de mirarse siempre a uno mismo y exigir a la otra persona, uno se entrega con generosidad, y esta forma de actuar se convierte en un proceso mutuamente alimentado. Con todo, conviene recordar que esto muy raramente sucederá en las primeras sesiones y que por eso no debe proponerse hasta que el clima de la pareja lo permita. Un detalle esencial para determinar cuál puede ser el momento adecuado consiste en detectar que ambos miembros ya no están tan sensibles a autosatisfacerse o auto-justificarse, y que su sentimiento de agravio ha disminuido o desaparecido. Como dice Marina, ya sentía que estaba *"menos vigilante de lo que hacía el otro"*, en referencia a no estar atenta al comportamiento de Pedro para obrar en consecuencia.

Aunque la técnica se ha puesto correctamente en funcionamiento, la psicóloga no deja de darles por escrito la descripción esquemática del intercambio de reforzadores, pues servirá como recordatorio y estímulo para llevarla a cabo repetidamente. No debe olvidarse que, aunque la TIP tiene que presentarse sobre todo como una terapia vivencial con la actuación en la misma consulta, no por eso deja de tener una parte didáctica o de aprendizaje de actuaciones en la pareja, en particular cuando se abordan las estrategias de cambio.

La segunda consulta (Sesión 14) que se presenta en este capítulo sirve para comprobar en su inicio que, aunque ciertos avances o mejoras en la pareja se deseaban, al tiempo estos pueden generar —paradójicamente— nuevos problemas y nuevas discusiones. En realidad, esta situación ya era intuida por la terapeuta que, en el capítulo anterior, preguntaba a la pareja sobre su miedo al cambio respecto al funcionamiento de ese momento. Sin embargo, ese temor era por algo que podría considerarse una cuestión menor: cómo se sentiría Marina si Pedro empezaba a salir mucho con sus amigos. Porque, aunque ella se había estado quejando de que no lo hiciera, sin embargo, también sentía vértigo porque él cambiase y pasara mucho tiempo con ellos. Pero ahora estamos ante una modificación significativamente mayor: un trabajo que puede exigir dejar la ciudad donde viven. Es lógico que, aunque Marina no puede sino desear un buen trabajo para Pedro, la inquiete algo tan importante como abandonar su lugar de residencia y que eso desestabilice a la pareja. Y, al tiempo, no deja de advertirse el foco de tensión que representa esta situación particular, que estriba en constatar las dudas sobre lo que estar en pareja llega a representar y hasta dónde se prioriza la relación. Trabajar es crucial para la recuperación de la autoestima de Pedro, pero ¿sacrificaría Marina su vida para demostrarle a él que lo comprende y lo apoya? Es normal que Pedro se tense pues considera esta situación una prueba de fuego para el amor que le tiene Marina. ¿Será como su madre le decía: "no hay que fiarse de nadie"?

El conflicto que ha supuesto esta encrucijada laboral y vital se reproduce en sesión, donde vuelven a pelearse. Cristina puede observarlo directamente en su propio despacho por las respuestas y gestos que Pedro y Marina tienen entre sí. Se lo señala, y la propia pareja se hace consciente de ello (*"vieron que estaban haciendo en consulta lo mismo que habían hecho en casa los días anteriores"*). Para solucionarlo, la terapeuta los tranquiliza y contiene, y, a continuación, propone una estrategia de solución de conflictos. Es esta una intervención común en la TIP, que se plantea cuando la pareja ha de decidir conjuntamente para hallar una buena solución[51]. Es una decisión dictada por la oportunidad del momento: ahora es justo cuando la necesitan y tiene sentido. No es que Cristina plantee un

---

[51] Jacobson & Christensen (1998, pp. 170 y ss.)

entrenamiento en el vacío, como prevención, sino solo enseña la técnica cuando viene al caso, lo que hace que la pareja la adopte de forma natural y esté dispuesta a trabajar con ella. La consideran como un medio para hallar una solución adecuada porque acaban de ver que son incapaces de resolver bien la cuestión del trabajo por sí solos y con las herramientas que ahora disponen.

Básicamente, la solución de conflictos consiste en facilitar la adquisición de unas habilidades que posibiliten llegar a acuerdos y superar los problemas a los que habitualmente tienen que enfrentarse las parejas (y que, hasta ese momento, habían sido una fuente de conflicto)[52]. Se trata de solventar cuestiones, como, por ejemplo, la distribución de tareas, el gasto del dinero, la atención de los hijos, el tiempo de ocio y las vacaciones, el tiempo con las familias de origen... también las decisiones laborales —como es justo aquí el caso—, pero igualmente gestos o costumbres del otro que incomodan. Todos estos son temas en los que resulta posible ejercer un control voluntario, y en los que, en general, no hay una solución de sí o no, y tampoco tienen que ver con la gestión de las emociones o los sentimientos. Habitualmente, el entrenamiento en solución de conflictos parte de la queja de uno de los cónyuges por las acciones o actitudes del otro en un determinado asunto.

Este entrenamiento persigue enseñar un procedimiento que maximiza las posibilidades de resolver los

---

[52] Barraca (2016, p. 108).

conflictos, siempre que ese sea el objetivo último de la pareja. Si las razones de las desavenencias son otras —*v.gr.* desahogarse, vengarse, herir, tener razón por encima de la verdad, imponerse, fastidiar al otro, etc.— entonces este entrenamiento no tiene sentido. Respecto a la estrategia general que seguir, lo primero que la pareja debe aprender es que existen tres aspectos que considerar en este entrenamiento: (1) que hay una fase de definición del problema y otra de solución; (2) que hay unas actitudes favorecedoras para resolver los problemas y otras que los vuelven irresolubles; y (3) que a la hora de aplicar la estrategia es bueno seguir con cierta escrupulosidad unas determinadas reglas.

La terapeuta de nuestro caso ilustra una puesta en práctica de esta intervención siguiendo concretamente los pasos siguientes:

1. Definición del problema (*"quiero pediros que me digáis cuál es el problema exactamente"*). Cristina se esfuerza por delimitarlo y quitar de en medio discusiones de otros que enmarañan la discusión (por ejemplo, si Marina se va sola de vacaciones con sus amigas).

2. Determinar un buen momento para proponer soluciones al problema presente. Como se comprueba, la pareja no ha hecho esto bien: han empezado a tratarlo —y discutirlo— a través de conversaciones telefónicas y WhatsApp, en intervalos sueltos, descansos del tra-

bajo, etc. Es decir, no han programado un buen momento para hablar del problema con calma y tiempo por delante.

3. Hacer ver que no se trata de un problema del uno o del otro, sino de la pareja, y como tal debe afrontarse; esto es, en actitud colaborativa o de equipo: el problema del trabajo de Pedro lo tienen los dos, es de ambos.

4. Facilitar las reglas (y mejor por escrito, como en este caso hace Cristina) para llevar a cabo una buena toma de decisiones de forma conjunta y que la pareja comente cuáles de esas reglas pueden beneficiarles más por ser su forma habitual de dialogar. Durante la explicación, además, Marina y Pedro cobran conciencia de que es necesario seguir unas pautas como las indicadas aquí para tomar decisiones conjuntamente, aunque al principio esta forma de interacción resulte algo artificial.

5. Por último, la terapeuta anima a llevar a la práctica la estrategia siguiendo las indicaciones dadas y lo programa como una nueva actividad que desarrollar hasta la próxima consulta (de forma similar a como se indicó la pertinencia de hacerlo con el intercambio de conductas).

La pareja sale de la consulta animada y más próxima entre sí. Algo habitual, pues de nuevo hay que indicar que estas estrategias de cambio no se contemplan como en la terapia conductual tradicional de Jacobson y Margolin, sino que, aunque resulten bastante similares en su puesta en práctica y apariencia, aquí tienen como función servir de medio para aumentar la intimidad de la pareja. Pero esto solo es posible porque previamente se ha gestado una actitud de aceptación. De hecho, la forma en cómo bromean tanto Marina como Pedro al hablar de lo mal que seguían antes estas reglas *("con tono algo jocoso")* es una demostración de cómo estaban de preparados para este tipo de intervención. Conviene igualmente aclarar que, si ese no hubiera sido el caso, y tras intentar explicar y practicar la solución de conflictos, las desavenencias hubieran seguido o subido de tono, entonces es necesario detener en ese justo momento el procedimiento y volver a recuperar e intensificar las estrategias de aceptación y tolerancia.

En la última de las reuniones (Sesión 15) de esta secuencia de tratamiento, la pareja comenta a Cristina que llevaron a cabo la solución de problemas y que han tomado una decisión. El tono con que lo expresan es una muestra de que la técnica no solo les ha ayudado a resolver eficazmente la cuestión, sino que —tal y como se esperaba— ha reforzado su sentimiento de equipo. Asimismo, es importante entender cómo esta estrategia ha fomentado su autonomía. Si —como en tantas otras terapias de pareja sucede— se pide directamente al profesional que opine y les diga qué decisión es la mejor (por ejemplo, que Pedro y Marina preguntaran a Cristina si era mejor escoger el trabajo de Madrid por su mayor calidad o el de Ibiza por su proximidad), esto provoca más dependencia del terapeuta. En cambio, si es la propia pareja la que lo resuelve con algún procedimiento que se le enseñe, se sentirá fortalecida y animada a enfrentarse autónomamente a nuevos retos. Además, siempre supone una posición comprometida para el terapeuta verse conminado a decidir sobre cuestiones de la pareja. Así, no solo decidirán lo mejor para ellos mismos (quedarse en Ibiza en vez de irse a vivir a Madrid, en este caso), sino también sentirse bien por haber tomado una determinación de forma efectiva y mutuamente gratificante.

Hay que advertir que, en la aplicación de la técnica de solución de conflictos, en realidad se ha producido una unión de distintas técnicas: la comunicación expresiva y útil, la unión empática y la solución de conflictos misma. Cuando Marina reconoce que *"(...) no se lo decía a* Pedro [el hecho de que le costaría mucho renunciar a su trabajo y sus amigas de Ibiza], *porque me parecía algo egoísta y no sé por qué: pero al final al poder expresarme, y estar él dispuesto a escucharme, le dije lo que realmente quería (...)"* está, por un lado, aportando razones para la toma de decisiones (técnica de solución de problemas), pero, al tiempo, el utilizar una postura de unión empática (hablar sin acusar al otro y comprendiendo su situación), de forma que la comunicación es expresiva y asertiva (hablar desde lo que uno experimenta y hacerlo con escucha activa y dialogada), se integra en la técnica de solución de conflictos. Esto no es nada raro: aunque por razones didácticas se explican los procedimientos de la TIP de forma separada o independiente, en realidad es común que en su puesta en práctica se combinen y se tornen técnicas híbridas. No hay que perder de vista que el enfoque de la TIP es siempre pragmático: ¿qué es lo que le sirve a la pareja?, ¿qué hace que resuelvan mejor sus conflictos?, ¿tienen estas formulaciones una función facilitadora? Esas son las claves de la intervención.

Por supuesto, frecuentemente son necesarias varias aplicaciones de la técnica de solución de conflictos que propone la TIP para que esta se asiente y se aplique de manera natural. Su correcta y efectiva puesta en práctica con un solo ensayo, tal y como se ha visto aquí, evidencia lo bien que está la pareja y, por esta razón, Cristina se da cuenta de que la terapia puede entrar en su última fase y finalizar próximamente, de forma provechosa para Pedro y Marina. De este modo, lo primero que hace es reforzarles por el buen uso de estas herramientas y, a renglón seguido, hacerles ver la mejora que se ha producido en su trato mutuo (*"si os vierais desde fuera, os daríais cuenta de lo mucho que habéis avanzado"*).

El terapeuta no puede esperar a que ya no se produzca ninguna discusión en la pareja porque entonces la terapia nunca acabaría. Es normal tener desavenencias y discusiones a veces, pero —como les pasa a Marina y Pedro— estas ya afectan a toda la relación, no se prolongan días y días, no les agotan y no les llevan a pensar que han perdido el afecto mutuo.

Aclarado esto, Cristina les propone tener en unos quince días otra sesión, con la que comenzaría lo que ya les anuncia supondría una fase de seguimiento. Por supuesto, falta aún preparar el cierre de la terapia, tal y como hará en las siguientes consultas, de forma que se eviten las recaídas.

Por último, les manda de nuevo uno de los cuestionarios de pareja (el DAS) que les solicitó completar tras la primera sesión, de manera que no quede todo en una impresión subjetiva, sino que ambos puedan comprobar objetivamente el drástico y positivo cambio que se ha producido por el seguimiento de la terapia de pareja.

9. ALTA

Sesión 16

Marina y Pedro entraron a consulta, ella llevaba los sobres con los cuestionarios que habían rellenado y se los entregó a Cristina.

—Gracias por traerlos. ¿Qué tal ha sido completarlos después de todo este tiempo de trabajo aquí? —les preguntó.

—Ha sido sorprendente —empezó Marina—, iba recordando algunas preguntas conforme lo rellenaba y mi contestación era ahora muy positiva; me acordé, de hecho, que puse una puntuación muy negativa en uno de los apartados, hace ya meses, y ahora me he visto poner justo lo contrario.

—Sí, a mí me ha pasado lo mismo —continuó Pedro— Mi memoria es mucho peor que la de ella, pero sé que no me sentía bien rellenándolo cuando lo hicimos la primera vez.

—Suele pasar justo lo que me decís cuando se vuelve a hacer el cuestionario, y es muy bueno que os deis cuenta vosotros mismos. Creo que habéis evolucionado mucho en la manera de afrontar los problemas que os trajeron aquí; de hecho, me gustaría que lo recordásemos y los comentemos ahora sobre la marcha.

Cristina sacó un folio de una carpeta y se lo dio a la pareja para que lo vieran. Encontraron lo siguiente (Figura 2).

—¿Recordáis esto?

Ambos asintieron. Era el esquema que Cristina realizó para representar los problemas que tenían y cómo se peleaban por ellos. Se lo había explicado en la sesión que habían tenido justo antes de empezar la terapia, después de la fase de evaluación. Al verlo delante, pudieron hacer un viaje al pasado y recordar la manera en que reaccionaban ante aquellas dificultades.

Figura 2. Modelo explicativo de las dificultades de Marina y Pedro

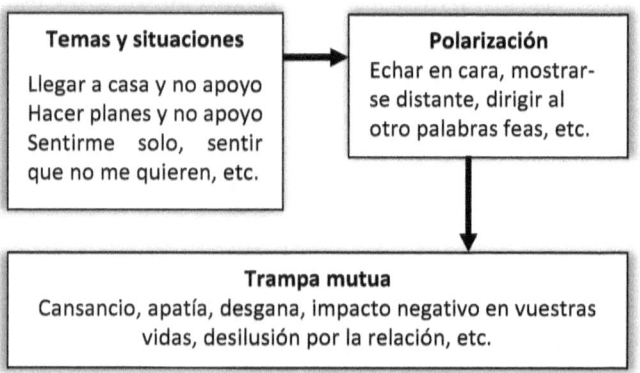

Temas y situaciones

Llegar a casa y no apoyo
Hacer planes y no apoyo
Sentirme solo, sentir que no me quieren, etc.

Polarización
Echar en cara, mostrarse distante, dirigir al otro palabras feas, etc.

Trampa mutua
Cansancio, apatía, desgana, impacto negativo en vuestras vidas, desilusión por la relación, etc.

Marina evocó su manera de comportarse cuando llegaba a casa y veía que las cosas no estaban hechas, y se preguntaba a sí misma cómo había podido caer en esa actitud de reproche continuo. Por su lado, Pedro trajo al presente esas maneras suyas de expresar lo poco querido que se sentía por parte de Marina; y, con la distancia que el tiempo le proporcionaba, pudo apreciar lo desafortunado de su comportamiento pretérito.

—Ahora lo veo y parece algo lejano —dijo Marina— me da un poco de vergüenza... de hecho, estoy acordándome de lo que nos hizo venir.

—Sí... no tendríamos que haber llegado a eso; ojalá hubiéramos venido antes —Pedro sentía lo mismo.

—Bueno, cuando tenemos un problema, precisamente una parte importante del mismo es el hecho de no darse cuenta: cuando uno está dentro, es bien difícil verlo. Si fuera de otro modo, ¡creo que nadie tendría problemas realmente importantes! Me gustaría preguntaros cuáles de esos elementos que comentamos al principio ha cambiado.

—Yo creo que el mayor cambio ha sido nuestra manera de hacer las cosas. Lo he notado sobre todo en la forma en que nos hablamos. Antes era como si quisiéramos protegernos de un ataque; vamos: que estábamos a la defensiva, y ahora simplemente estamos más pendientes de cuidarnos —dijo Pedro mirando a Marina al terminar.

—En eso estoy de acuerdo. Yo al principio tenía miedo, no quería dejar de hacer cosas que me gustaban, como salir con mis amigas, ¡y tampoco quería dejar de decirle a él lo que esperaba que hiciera por mí! Pero en este tiempo me he dado cuenta de que puedo salir cuando quiera y eso me gusta, y también de que puedo hablar contigo para expresarme y que entiendas lo que quiero —finalizó mirando a su pareja.

—No sé si lo veo como vosotros. Ya sabéis: corregidme si no es así, pero me transmitís que lo que ha cambiado ha sido ante todo vuestra manera de enfrentaros a los problemas, y no tanto los problemas en sí, ¿es posible? —quiso comprobar Cristina.

Ambos lo confirmaron.

—Creo que eso se ha visto, sobre todo, en la toma de decisiones sobre el trabajo de Pedro. Ambos pensabais de forma diferente al principio, había un problema y lo habéis afrontado con herramientas que os unen como equipo. Eso me hace pensar que estáis listos para abordar vuestros problemas de una manera más autónoma, y que podemos empezar la fase de seguimiento, y por eso me gustaría dedicar la sesión de hoy a prevenir conflictos que os pudieran separar en un futuro no demasiado lejano, ¿qué os parece?

Por un momento dudaron... ¿qué clase de conflictos podrían ser esos? Pero a continuación asintieron y se mostraron dispuestos a seguir adelante.

—Os voy a poner en situación. Imaginad que Marina ha tenido una semana complicada en el trabajo y no ha podido dedicarte el tiempo que te gustaría, Pedro; y bueno, Pedro está más atareado de la cuenta en su nuevo trabajo y tampoco parece cumplir con lo que a ti te gustaría, Marina. Lleváis así ya unos días y os empieza a pesar. ¿Qué vais a hacer?

—Uf, ¡me he agobiado solo de pensarlo! —contestó Marina— Creo que es algo que bien podría pasar, sobre todo si Pedro empieza con el trabajo —miró a su pareja.

—¡Vaya...! Bueno, aquí el problema es que tendríamos poco tiempo para dedicarnos a todas las cosas que quisiéramos. Creo que poniendo cada uno de nuestra parte... entendiendo al otro, recordando que hay que remar juntos... eso facilitaría las cosas —dijo Pedro.

—Pues sí, además se me había ocurrido que en esos momentos también vendría muy bien mirar el uno por el otro en pequeños detalles, es decir, ¡no esperar que el otro lo haga!, simplemente hacerlo cada uno y sorprender al otro —completó su compañera.

—Creo que no lo podíais haber dicho mejor: efectivamente, remando juntos y cuidándoos mutuamente las dificultades momentáneas no pesan tanto, aunque tampoco desaparezcan. ¿Qué pasaría si uno tuviera más tiempo que el otro? Es posible que Pedro aumente su carga de trabajo, o que vuestros periodos de vacaciones o descanso no coincidan. ¿Puede convertirse eso en un problema?

Tanto Marina como Pedro pensaron que en ese caso, no lo llevarían tan bien. Vieron que tal coyuntura les podría desestabilizarles. Se mostraron algo dudosos, sin saber muy bien cómo solucionar ese posible problema.

—La cosa sería muy similar a cuando llegasteis; Pedro estaba en paro mientras que tú, Marina, estabas abrumada de trabajo. ¿Qué ocurrió entonces? —Cristina quería que ellos llegasen a la conclusión con la mínima ayuda necesaria.

—Pues... al final lo abordamos, y vimos que a él le vendría muy bien dedicarse tiempo a sí mismo —contestó Marina.

—¿Qué tal funcionó eso?

—Muy bien, ambos lo hablamos, y, al dedicar tiempo a cosas que le gustaban, creo que nuestra relación se fortaleció —Marina iba sacando conclusiones, le faltaba una sola pista más.

—¿Y qué podréis hacer en la situación que yo os he planteado? —insistió Cristina.

—Vale, sí, sé lo que quieres decir: puede llegar el momento en que yo —concluyó Marina— tenga más tiempo libre que Pedro, y hablándolo entre los dos creo que podría dedicar más tiempo a mis cosas, eso nos vendría muy bien realmente, tal y como pasó contigo antes —mirando a Pedro—, ¿cómo lo ves tú, cariño?

—Es lo que estaba pensando conforme lo decías; si eso pasase a mí me gustaría que tú dedicases tiempo a las cosas que te gustan y después charlásemos sobre ello. No solo sería mejor para ti: también lo sería para mí —los dos estaban en sintonía.

Cristina vio que estaban bien preparados para empezar el seguimiento, y antes de fijar la primera sesión dedicada a ello, quiso darles un apoyo más.

—Os voy a facilitar una guía en papel que podéis usar como "flotador de emergencia" para aquellos momentos en que perdáis un poco la perspectiva, cosa que resulta totalmente normal. Aquí os la dejo. Echadle un ojo y lo comentamos antes de fijar la primera sesión de seguimiento (Figura 8).

Ambos lo miraron y recordaron casi todo, pero no comprendieron los puntos sobre el "lado luminoso", sobre dedicar tiempo para discutir y sobre "pillar al otro".

Figura 8. Medidas para la prevención de recaídas en la TIP

S.O.S.
PREVENCIÓN CONJUNTA DE RECAÍDAS

1. ¿Tu manera de hablar es suave o dura?, ¿escuchas a tu pareja, y le facilitas que te escuche?, ¿**te pones 'en sus zapatos'**?
2. ¿Qué puedes hacer, en este momento, para expresar a tu pareja que **eres parte de su equipo**?
3. ¿En qué manera puedes, ahora, **cobrar distancia del problema** y animar a tu compañero a sentaros y observarlo juntos?
4. ¿**Estás cuidando a tu pareja**?, ¿qué puedes hacer para cuidarla en los próximos días?
5. ¿**Te estás cuidando a ti mismo**?, ¿cómo puedes contar con tu pareja para aumentar el autocuidado?
6. ¿Qué cosas te gustan de tu pareja?, ¿cuál es **su "lado luminoso"**?, ¿se lo haces saber?
7. ¿Dedicáis **tiempo a discutir** sobre asuntos importantes?
8. ¿Dedicáis tiempo a **solucionar problemas**?
9. ¿Jugáis a "**pillar al otro**"?

—Me alegra que lo digáis, porque son asuntos que no hemos tratado en nuestro trabajo de manera muy directa, pero que os pueden venir bien con unas simples indicaciones. Me perdonaréis porque os voy a echar un pequeño rollo, pero de ese modo todo se aclarará. Lo primero: recordad que vuestra pareja, al igual que vosotros mismos, tiene cosas buenas y cosas malas, y que resulta complicado cambiarlas rápidamente. Por eso resulta útil recordar ese lado luminoso como complementario del lado oscuro. Es probable que tú, Marina, tengas poco tiempo porque estás muy volcada en tu trabajo, pero esa cualidad también la aplicas a tu relación con Pedro, porque cuando estás con él no hay nada más en el mundo y diriges a ello todas tus energías. Y quizás a ti, Pedro, te cuesta ser independiente de tus amigos y aficiones, aunque eso también facilita que tu compromiso con la relación sea muy alto y que siga siéndolo, aunque a ratos te dediques más tiempo a ti mismo. Ver las cosas como una dualidad ayuda a no caer en una visión de fatalidad en la cual parece que el otro solo hace las cosas mal: de alguna manera, ciertas cosas que pueden molestar de ella o de él también pueden ser virtudes, si las ponemos al servicio de la pareja.

—Sí, lo entiendo —dijo Marina—, es darse cuenta de que lo malo no lo es tanto si se mira desde otro lado.

—Buen resumen —valoró Cristina—. Es justo eso respecto a la pareja. Por otro lado, dedicar tiempo a discutir se asemeja a lo que hemos hecho en sesión, pero trasladado a casa. Al tener un espacio para sacar los asuntos conflictivos, se puede hablar de ellos y poner en marcha todas las habilidades que habéis aprendido aquí. Podríamos decir algo así como que creéis en casa una zona neutra, que sirva como campo de entrenamiento para practicar, igual que ahora es la consulta.

—Vale —dijo Pedro. Lo organizaremos, pero... ¿tiene que ser un lugar concreto de la casa?

—Es un espacio que creáis. Quiero decir que puede ser el mismo salón, pero que en determinado momento a determinada hora pasa a ser esa zona neutra. Por eso os lo llamamos así: un tiempo para discutir.

—Entendido —remarcó Marina.

—Y nos queda lo último: la propuesta de "jugar a pillar". Y consiste en tener una actitud de humor con los propios problemas, aunque siempre de mutuo acuerdo. Por ejemplo, en un momento dado acordad que uno de los dos finja el inicio de un problema durante la semana, mientras que el otro trata de descubrir si la pareja está fingiendo. Es importante que esto se haga de manera pactada, porque de lo contrario nos podemos enredar fácilmente. Un ejemplo podría ser que ambos acordáis jugar a que Pedro, durante la siguiente semana, finja enfadarse porque tú, Marina, no estás tanto con él o no le prestas atención, y entonces, Marina, estate alerta a las reacciones de él tratando de averiguar si finge o no; pasados unos minutos, tú, Pedro le tienes que decir que estabais jugando tal y como se había previsto.

—Es un poco raro, pero bueno, si se toma un poco a la ligera...

—Sí Marina, tienes razón: al principio es raro, pero probadlo y veréis.

—La verdad es que, ahora que lo pienso..., si yo mismo tengo que fingir sobre mis propios cabreos..., creo que cuando algo me moleste de verdad igual hasta me lo tomo un poco a broma.

—Eso es, Pedro. Has cogido la idea totalmente —y Cristina les invitó a poner en práctica estas estrategias, además de las que ya conocían—. ¿Hay algo más que queráis comentarme antes de fijar la siguiente vez que nos veamos? ¡Va a pasar bastante tiempo! En concreto, os quiero citar para dentro de unos tres meses.

—¡Vaya!, tanto... tres meses sin venir... La verdad es que me da algo de miedo —confesó Marina.

—Sí, ¡uf!... ¿aguantaremos estos meses sin liarla parda? —preguntó Pedro riéndose un poco y mirando a su pareja.

—Bueno —añadió Cristina sonriendo— ¿qué vais a hacer si la liais parda?

—"Remar en la misma dirección" —contestaron casi al unísono.

La terapeuta les despidió afectuosamente. Los tres sentían que habían hecho un buen trabajo, y que era hora de ponerlo a prueba de la mejor manera posible.

Al volver a su despacho, mientras se tomaba un descanso antes de la siguiente sesión, Cristina reflexionó sobre las cosas que podrían pasar en esos tres meses. Pero se sentía tranquila y segura: esta pareja estaba preparada.

***

En esta sesión, orientada ya claramente a concluir la terapia, se presenta una secuencia característica de cierre del proceso terapéutico y prevención de recaídas futuras, algo que la TIP considera fundamental para garantizar la eficacia de la intervención a la larga. Acabar la terapia no presupone que ya no se produzcan discusiones o que no vayan a aparecer en el futuro; si fuera así, la intervención nunca finalizaría. El que una pareja discuta no significa que se deteriore y, desde la perspectiva de la TIP, no implica que se polarice, o que se sientan infelices ni exasperados (recuérdese, la trampa mutua). La TIP tampoco cree que una terapia se termine cuando la pareja vuelve a estar como al principio, esto es, como cuando se conocieron. No pretende que se vuelvan a enamorar, probablemente algo quimérico. Pero sí que puedan sentirse de la terapia que el número de sesiones transcurridas. Según la TIP todo esto será posible por la práctica de la aceptación y la tolerancia y, en algún caso, por el refuerzo de las estrategias unidos, mutuamente comprendidos, a gusto con su relación (o, al menos, con una clara aceptación de su pareja), con complicidad y coaligados frente a otras personas o las dificultades de la vida. Precisamente, la sensación de que han recuperado esa intimidad y la capacidad de comunicarse es un indicador mucho más relevante para el cierre que se han visto en los últimos capítulos. Como la terapeuta, al preguntarles, percibe estas claves —sentimientos positivos por el hecho de estar juntos, ausencia de polarización (*"lo que ha cambiado ha sido ante todo vuestra manera de enfrentaros a los problemas, y no tanto los problemas en sí")* y aceptación del otro (*"Ambos pensabais diferente al principio, había un problema y lo habéis afrontado con herramientas que os unen como equipo")*—, pueden concluir que la terapia ha sido efectiva para la pareja y están preparados para su conclusión.

El encuentro (Sesión 16) comienza con la pregunta sobre la cumplimentación de los cuestionarios que se propusieron en la consulta anterior. Puede parecer que esta petición tiene, por parte de la terapeuta, únicamente una función experimental o investigadora: la de obtener una puntuación específica respecto a la efectividad de la TIP. Sin negar que contar con puntuaciones normalizadas respecto a la media poblacional resulta también algo útil para una terapeuta, pues le permite confirmar a la pareja que se ha recuperado y puede ya finalizar la terapia con más garantías, en realidad está igualmente al servicio de la pareja ya que, al analizar y comentar las respuestas de forma pormenorizada, les permite darse cuenta con mucho más detalle de sus mejoras a lo largo del proceso, de lo que concretamente ya ha variado o de lo que aún queda pendiente de arreglarse. En suma, si al principio de la intervención los cuestionarios tuvieron una finalidad evaluadora, ahora cobran también otra: la de servir como un medio más para el propio aprendizaje, y así lo verifican Marina y Pedro al recordar sus respuestas primeras (bajas, negativas) y compararlas con las nuevas (*"me acordé, de hecho, de que puse una puntuación muy negativa en uno de los apartados, hace ya meses, y ahora me he visto poner justo lo contrario."* —dirá Marina).

El contenido que Cristina pone en esta sesión puede entenderse como un recordatorio y síntesis de lo visto —o, mejor dicho, vivido— a lo largo de varias sesiones, y también de un medio para afianzar las estrategias aprendidas durante los meses de terapia. Así, tras repasar las respuestas de los cuestionarios, la terapeuta saca sus notas sobre el modelo explicativo de los problemas de la relación (Figura 2) con los temas de la pareja, el proceso de polarización y la trampa mutua: una formulación del caso que sirvió para diseñar la intervención y que con el paso del tiempo ha demostrado su practicidad (no tanto su verdad), pues ha ayudado a la pareja a mejorar su relación.

El repaso del modelo explicativo y, en consecuencia, la evocación de cómo actuaban entonces y de qué distintos se han vuelto ahora sus comportamientos, resulta especialmente adecuado en este momento del cierre de las sesiones, pues facilita que se produzca una temprana identificación de esos patrones (de polarización) si vuelven a aparecer. Asimismo, sirve para conocer las consecuencias negativas de tomar esa deriva, pues de nuevo podrían acabar en una situación de trampa mutua. Las preguntas de Cristina *("¿Qué creéis que ha cambiado de esos elementos que comentamos al principio?")* sitúan a la pareja ante el autoanálisis de las estrategias presentadas en las sesiones. Y es en sí una pregunta terapéutica, porque ayuda a tomar conciencia de las cosas que ahora hacen de forma distinta y que favorecen el que, en vez de acabar con nuevos conflictos, se sientan próximos entre sí. Las respuestas de Marina y Pedro reflejan los adelantos en su comunicación y su capacidad para no pelearse si surgen

diferencias entre ellos. Igualmente, el cambio se ilustra
bien con el tema de la decisión respecto a la oferta laboral
de Pedro. Si la pareja no hubiese llevado a cabo tan buen
trabajo en la terapia, sin duda la situación se habría con-
vertido en otro motivo de desencuentro que limara aún
más una relación ya dañada.

Como la pareja refleja un notable acuerdo con ello,
Cristina ve claro que han ganado la suficiente autonomía
para solucionar futuros problemas por sí solos, y confirma su idea de acabar la terapia; eso sí, preparando primero una estrategia de prevención de recaídas. En el
marco de esta preparación, lo primero que propone es pedirles que imaginen una situación hipotética —pero per-
fectamente posible— y que fácilmente despertará los fan-
tasmas asociados a sus vulnerabilidades (para Marina, la
falta de apoyo por parte de Pedro; para Pedro, el sentimiento de no ser atendido por Marina). Imaginada la situación por la pareja, ambos aseguran que pondrían en
práctica procedimientos a los que recurrirían con pres-
teza y buena ejecución: (1) unión empática (*"entendiendo
al otro"*); (2) separación unificada (*"remar juntos"*); (3)
intercambio de conductas (*"cuidarnos el uno al otro con
pequeños detalles, no esperar que el otro lo haga"*). Se
revela así que han aprehendido actitudes adecuadas ante
la aparición de amenazas y que será más improbable que
caigan en patrones de polarización como en los que se encontraban antes de empezar el tratamiento. Cristina les
confirma lo adecuado de su enfoque, de forma que en adelante tendrán seguridad para actuar de esa manera.

Pero como resulta clave asentar bien estos aprendizajes, Cristina insiste en promover estas estrategias —o algunas otras de las adquiridas— con otra situación hipotética: un momento de exceso de trabajo para Pedro coincidente con uno de mucho más tiempo libre para Marina, esto es, la misma situación con la que se inició la terapia, pero con los papeles cambiados. La terapeuta deja que ambos, con un enfoque de solución de problemas en común, se enfrenten a la situación y, sin su ayuda, le den una respuesta adecuada. Tras unos momentos de titubeo, ambos concluyen que podrían recurrir a una de las tácticas de tolerancia: el fomento del autocuidado. De nuevo, los dos muestran buena sintonía y una actitud colaborativa que prevendrá el enquistamiento de futuras —e inevitables— desavenencias.

En la segunda parte de esta sesión, y de nuevo buscando consolidar la prevención de recaídas, la terapeuta facilita un material escrito muy didáctico (la Figura 8: *S.O.S. Prevención conjunta de recaídas*). Recomienda que se use como un 'flotador' al que recurrir en momentos de zozobra para la pareja. Pero no solo lo entrega, sino que les pide que lo lean con detenimiento y le pregunten cualquier duda que les genere. Por su cierta ambigüedad, les aclara al final de la sesión el significado que adquieren aquí tres conceptos: ver el "lado luminoso" de la pareja (esto es, ver los puntos positivos que tiene la pareja por ser como es), dedicar tiempo a "discutir sobre temas importantes" (llevar a cabo unas interacciones semejantes a las vividas en la consulta pero ahora en casa) y "pillar al otro" (fingir en casa la reaparición de problemas como los tratados, pero indicar a la pareja en seguida que se trata de imposturas). Todas estas estrategias sonarán ya, porque en realidad no son sino formas de tolerancia (y se explicaron ya someramente en el capítulo 6), pero aquí se adaptan a la prevención de recaídas. La idea es que si estas intervenciones se siguen llevando a la práctica se favorecerá la estabilidad, puesto que se encontrará uno más entrenado o preparado para los malos momentos, que son inevitables. Las técnicas de tolerancia favorecen 'hacer callo', o 'desensibilizarse' ante las embestidas o reapariciones de los problemas asociados a los temas. Mantenerlas vivas es, por tanto, también una forma de hallarse entrenado y firme ante los embates de la vida de pareja.

El conjunto de esta sesión de prevención de recaídas supone un ideal respecto al proceso y los contenidos que deben seguirse en este tipo de consultas desde la TIP de forma más explícita y estructurada podrían sintetizarse con los siguientes puntos:

1. Comprobar que la pareja reconoce un cambio significativo y positivo respecto a su situación anterior.

2. Comprobar que esos cambios positivos tienen que ver con la comprensión y asimilación de las diferencias, las propias vulnerabilidades (temas delicados) y el no caer en los patrones destructivos (polarizaciones) de antes.

3. Imaginar y ensayar en varias ocasiones situaciones que fácilmente despertarán los problemas existentes en el momento de acudir a la primera consulta.

4. Comprobar que cuando se llevan a cabo esos ensayos la pareja tiene en mente sus diferencias, pero no achaca a estas el surgimiento de los problemas, sino que se percata de que estos se recrudecen por sus reacciones ante esas diferencias (esto es, son conscientes de los temas y de sus reacciones anteriores a ellos).

5. Apreciar que existen evidencias de que la pareja echa mano de las estrategias de aceptación (unión empática, separación unificada), de tolerancia o de cambio conductual (intercambio de conductas, comunicación y solución de problemas) cuando reaparecen los problemas, y que se mantiene una actitud de equipo o colaborativa (en vez de caer en las acusaciones del pasado).

6. Proponer a la pareja algunas de las técnicas de tolerancia (autocuidado, practicar las conductas negativas en casa y fingir en casa algunas de las situaciones que llevaban a discusiones) a fin de evitar la escalada de conflictos y la degradación de la relación de pareja.

7. Aceptación de buen grado —incluso con satisfacción por el reto que supone— del cierre de la terapia tras algunos encuentros más, ya exclusivamente de seguimiento.

Cristina propone al final de la sesión un intervalo de unos tres meses hasta su siguiente encuentro. Este lapso temporal puede parecer excesivo y probablemente lo será para un tratamiento individual. Sin embargo, para una pareja puede representar un tiempo muy adecuado, ya que es el suficiente para que surjan asuntos que puedan comprometer el equilibrio conseguido y, a la vez, permita comprobar con nitidez si la pareja ha sabido adaptar lo aprendido en la terapia para hacer frente a sus dificultades. Téngase también en cuenta que la vez anterior había pasado ya medio mes y que, por tanto, se había producido ya un distanciamiento de la terapeuta. Si, como sucede aquí, ese plazo se vivió positivamente, la pareja estará ahora bien preparada para asumir este intervalo ya claramente más largo y próximo a lo que sería una situación de no estar asistiendo a una terapia.

10. SEGUIMIENTO

Sesión 17

Marina llevaba el pelo corto, y Pedro vestía de modo más formal. Fue lo primero en lo que se fijó Cristina al verles entrar y saludarles después de este tiempo. Se preguntaba si esos cambios irían acompañados de buenos momentos, o si, por el contrario, se encontraría con que los problemas les hubieran separado nuevamente.

—¡Qué alegría veros! Tres meses... estoy deseando saber qué tal os ha ido este tiempo —Cristina les transmitió su genuino interés.

—¡Nosotros también teníamos muchas ganas de venir! —contestó Marina, que cogía de la mano cariñosamente a Pedro— han sido muchos días, sí. Pero no te asustes: no cogimos cita por la necesidad de que nos arreglases otra vez.

Cristina sonrió. Y ambos le contaron cómo su relación había ido bastante bien, a pesar de los cambios.

—¿Cuáles han sido esos cambios? —preguntó la terapeuta.

—Principalmente, mi trabajo —empezó a contar Pedro—. Tuve que dedicar más horas en la oficina para conocer al resto del equipo, y la verdad es que mi empresa es excelente a la hora de facilitar el contacto entre los empleados y fomentar el trabajo en equipo.

Aquí Cristina pudo ver cómo Marina hacía una mueca; no disimuló esa sensación de inquietud ante lo que Pedro decía.

—Y bueno... esto casi nos ocasiona un auténtico conflicto —siguió contando mientras la miraba a ella, lo que suavizó la expresión de Marina.

—Hasta entonces —dijo ella— no me había dado cuenta de lo que supondría que él estuviera trabajando con más personas... y que esas personas pudieran ser chicas, con las que se llevase bien, que fueran atractivas y... bueno... me siento un poco boba por esto —terminó confesando con algo de tristeza.

Pedro le acarició la mano y, mirándola, le contestó que era normal, que él seguramente se hubiera sentido igual, que de hecho se había sentido así otras veces hacia ella y sus compañeros de trabajo.

Dirigiéndose de nuevo a Cristina, Pedro contó que la cuestión empezó porque él tuvo que echar más horas con una compañera de trabajo, Alicia, con la que empezó a llevarse muy bien, y pronto se convirtió en amiga, lo que a Marina le resultó incómodo.

—¿Cómo te sentiste ante esto? —preguntó Cristina a Marina.

Ella explicó que se vio muy insegura y que incluso a veces había tratado de mala manera a Pedro. Nunca había sido celosa y actuar así le hacía sentirse ridícula. Empezó a darse cuenta de que estaba muy pendiente de cuando Pedro escribía por WhatsApp o cuando tardaba más de la cuenta en volver a casa... y entonces cobró conciencia de que había un problema.

—Resulta engorroso habérselas con una situación como la que contáis. Pedro, ¿cómo lo has vivido tú?

Él, por su parte, confesó que se sintió controlado ante algunas preguntas de Marina, pero lo que más le preocupó fue que su pareja lo estuviera pasando mal al imaginarse cosas totalmente fuera de la realidad.

—Así que, Marina, sentiste miedo e inseguridad ante esta situación, y tú Pedro preocupación y algo de presión... ¿Es así? —quiso comprobar Cristina.

Juntos lo confirmaron.

—No tuvo que ser fácil de llevar. ¿Qué habéis hecho con este asunto? —sospechaba por su manera de contarlo y por cómo los veía desde que habían entrado en la consulta que habían dado una buena respuesta a la cuestión.

—Yo recordé varias de las cosas que trabajamos aquí —dijo Marina— y llegó un momento en que me dije a mí misma que estaba intentando negar algo bastante evidente: tenía celos, y no quería ocultarlo a Pedro, pero tampoco quería explotar con él, así que le dije que me gustaría hablar de algo que me estaba costando mucho manejar.

—¿Cómo fue eso para ti, Pedro?

—Al principio me sentó un poco mal, porque me lo dijo enviándome un mensaje mientras estaba en el trabajo, y me asusté; pero... dejé de montarme mi película en la cabeza y le respondí que ese mismo día saldría un poco antes del trabajo y podríamos hablarlo en casa tranquilos.

—Sí, eso me gustó —continuó su pareja—. Le vi dispuesto y, sobre todo, que iba a salir antes para abordar esto.

—Me encanta lo que escucho. Parece que fue un buen inicio para afrontarlo. Pero me gustaría que me contaseis de la manera más completa posible cómo fue ese momento de cuando abordasteis la cuestión.

Le explicaron que Marina le dijo a Pedro que tenía miedo de que Alicia tuviera cada vez más intimidad y contacto con él, y que al estar juntos en el trabajo, Pedro se fijase en ella. Pedro comentó que le gustó mucho que su pareja se lo dijese de esta manera, en ese momento la abrazó y le expresó mucho cariño. Marina confesó que se sintió reconfortada y menos tonta por experimentar eso. Ambos estaban de acuerdo en una cosa: gracias a hablar de esa manera sobre lo que Marina sentía, habían podido dar el siguiente paso: concretaron lo que podrían hacer para que la amistad de Pedro con Alicia no representara una amenaza a su unión.

—Pedro me propuso salir un día con Alicia y con más compañeros, y empezar a tener algo de contacto en ese sentido... y... eso me gustó mucho, porque vi que me incluía —dijo Marina—. También pensé que si la conocía, quizás no tendría tanto miedo, lo que nos vendría bien a todos.

—La verdad es que no sabía qué me iba a responder, pero pensé que si Marina hablaba con Alicia y entablaban una relación de algún tipo, eso haría que el temor no fuera tanto, incluso podrían llevarse bien, y, bueno, ¡de hecho fue así!

—Sí, sí, ya lo creo. Cuando salimos juntos vi que Alicia parecía atraída por otro compañero de Pedro. Eso me tranquilizó. También comprobé que ella se interesó por conocerme y preguntarme, me dijo que Pedro le había hablado muy bien de mí y que muchas veces quería volverse a casa para estar conmigo cuanto antes y esas cosas... En fin, que me sentí, de nuevo, algo tontorrona por haber desconfiado —terminó diciendo Marina mientras miraba a Pedro sonriendo.

—Creo que no lo pudisteis hacer mejor, ¡vaya! Realmente me ha encantado que me contéis esto. Sospechaba que estabais preparados para afrontar muchas situaciones embarazosas o complicadas, pero siempre es bueno que eso se confirme —expresó Cristina con emoción.

—Sí, la verdad; creo que hemos aprendido muchísimo aquí contigo. Sin las sesiones ¡esto nos habría explotado en la cara! Hace un año esta situación habría sido imposible, creo, por ambas partes —dijo Marina—. Yo al menos no hubiera sabido expresarme con delicadeza y sin atacar... e igual hubiera estado fría y distante.

—Yo tampoco: me lo hubiera tomado como una ofensa de tu parte, seguramente me sentiría controlado y no te hubiera entendido —dijo él—; ahora he podido comprenderte, y me da la sensación de que... bueno, de que estamos más unidos que nunca.

Ambos hablaron de lo a gusto que se sentían en su relación gracias a haber afrontado las situaciones de manera conjunta y haber aprendido a expresarse sin atacar. Sabían que su historia pasada estaba ahí, y que quizás les hacía ser diferentes en algunos aspectos, pero también estaban concienciados de lo inevitable que era y aprendieron a ser responsables, esto es, capaces de responder adecuadamente.

En los últimos momentos de esta sesión de seguimiento, le dieron una sorpresa a Cristina...

—Verás... te lo queríamos decir porque sabemos que te alegrarás mucho —empezó diciendo Marina, sonriendo y mirando a Pedro— que en este tiempo que hemos trabajado contigo hemos comprobado que podemos ser una pareja estable y que, bueno... ¡nos sentimos preparados, aunque también muertos de miedo! Pero, bueno, ahí va: que hemos pensado que queremos ser padres.

Cristina no ocultó su sorpresa.

—¡Menuda noticia! Es un gran paso, y de verdad que os doy la enhorabuena. ¡Y no me extraña que os asuste! Las cosas que más nos importan en la vida a menudo nos hacen temblar, claro que sí.

Hablaron de la manera en que habían tomado la decisión y de todo lo que implicaba. Compartir esta alegría fruto de la unión a la que habían llegado fue un gran momento para Marina y Pedro, y también para Cristina.

Tal y como habían adelantado en sesiones anteriores, la siguiente cita, última del seguimiento, la fijaron para pasados otros seis meses. Se despidieron contentos como nunca pero, también, con algo de inquietud: había mucho tiempo por delante y se avecinaban grandes cambios.

Sesión 18

Medio año después, Cristina estaba esperándoles en su despacho. Revisaba las últimas notas que tenía de la pareja recordando las sesiones con Marina y Pedro, una a una. Contemplar con perspectiva la evolución de dos personas que habían decidido compartir sus vidas con ella era algo ciertamente gratificante: verlos cambiar, crecer y trabajar unidos era una extraordinaria recompensa y se sentía agradecida por su profesión.

Sonó el timbre; ahí estaban. Fue a recibirles en la que sería quizás la última sesión. Tal y como podía pasar, el embarazo de Marina era evidente.

Tras los momentos iniciales en los que se transmitieron la enorme alegría por su situación y el gusto de volverse a encontrar, Cristina les preguntó por el devenir de estos meses.

—¡No ha sido fácil! —empezó la futura mamá— he tenido momentos de terror, y aún los tendré. Los cambios físicos y hormonales están siendo tremendos.

—¡Y yo doy fe de ello! —dijo Pedro riéndose con ella.

Se palpaba la buena comunicación, expresión y unión, y Cristina tuvo curiosidad por saber la manera en que estaban afrontando los momentos apurados que una situación como esa les presentaba.

—Me encantaría saber cómo vais remando en la misma dirección en este nuevo y precioso océano por el que veo que avanzáis. A menudo es normal tener más discusiones o no ponerse de acuerdo. ¿Cómo lo estáis llevando?

—Lo que más nos está ayudando, la verdad, es la manera de solucionar las disputas, siguiendo un poco el guion que nos diste —dijo Pedro—. Eso sí, ya lo hacemos muy a nuestra manera, y muchas veces nos saltamos algunos pasos.

—Sí, es algo muy común. Aquí habéis aprendido estrategias que vosotros mismos habéis asimilado y personalizado. Eso es perfecto, porque significa que os saldrán cada vez de forma más automática ante nuevas situaciones —explicó Cristina.

—Es verdad —dijo Marina, recordando cómo exploraban las diferentes opciones para encontrar una solución, intentando no enredarse tanto en conversaciones agotadoras; ambos se lo recordaban a sí mismos a menudo.

El resto de la sesión tuvo un tono muy informal. Hablaron del propio embarazo, de la familia, de la sorpresa de los amigos... No había ya rastro del tono malhumorado, ni de las disensiones con el que los ahora futuros padres acudieron a consulta hacía más de un año. Cristina les preguntó por los problemas que habían tenido y por los miedos sobre el futuro. El pasado les había fortalecido y el futuro era para ellos, aunque inquietase.

Ver esto en Marina y Pedro recordó a Cristina lo erróneo de una creencia popular, según la cual el tiempo lo cura todo. La pareja que tenía delante era una prueba de que era la capacidad de hacer algo con el tiempo lo que marcaba la diferencia a la hora de afrontar las dificultades. El tiempo pasa y se puede adoptar ante él una actitud pasiva, que no cambia o resuelve nada, al menos en el terreno de la pareja; pero Marina y Pedro habían elegido responder, habían optado por ser responsables de su propia historia y con la unión que luchaban por preservar. Ser responsable tiene un coste, pero sin duda es la mejor inversión que se puede hacer.

Con un afectuoso abrazo, Marina agradeció de corazón a Cristina lo que les había transmitido respecto al cuidado. La sensación de gratitud por parte de Pedro no fue menor: sentirse comprendido y a la vez apoyado en su relación con Marina fue sin duda el mejor de los regalos para él.

Cristina despidió con emoción a Pedro, Marina... y al nuevo miembro de la familia, que estaba por llegar, ahora en una pareja unida frente las adversidades.

***

En este último encuentro de la intervención de pareja (Sesión 18) pueden observarse algunos de los comportamientos y respuestas propios de una terapia que ha conseguido sus objetivos. En contraste con la mayor estructuración y rigidez de los primeros contactos, gracias al exitoso manejo del proceso y a las habilidades terapéuticas de la psicóloga, el tono se ha vuelto mucho más informal y espontáneo. No obstante, como también se manifiesta aquí, el interés genuino por su bienestar que muestra Cristina y su alegría por que todo haya transcurrido bien no está reñido con una actitud profesional y que, hasta el último momento, exhibe ante la pareja y resulta terapéutico.

Como se comentó en el capítulo anterior, es habitual que en las terapias de pareja se extienda en mayor medida el intervalo temporal en los seguimientos y, como se presenta aquí, se programen a tres y seis meses los últimos

contactos. Por supuesto, esto es una opción y la sensibilidad y el ojo clínico del terapeuta serán los que dicten si
conviene alargar un poco más o un poco menos estos lap-
sos. Una opción que se puede sugerir consiste en indicar
a la pareja que llamen y retomen el contacto cuando se dé
alguna situación especial. Pueden pasar meses sin que
ocurra nada extraordinario y por eso saber que si se dan
esas circunstancias es mejor llamar y no esperar a que
pase un determinado tiempo, resulta algo tranquilizador
para la pareja.

Podría afirmarse que tener una buena percepción de
cuándo dar por finalizada la terapia y qué intervalos sugerir para los seguimientos es una habilidad propia del
experto en la TIP[53]. Para una terapia que trata de conjugar
cambio y aceptación resulta más difícil saber cuándo ha
llegado el momento de dar por terminadas las consultas,
pues de lo contrario podrían alargarse eternamente.
Como se dijo —y como se constata en este mismo capítulo— saber que no se espera que todos los temas de la
pareja se hayan resuelto, que no haya situaciones conflictivas que hagan saltar las alarmas o que no se produzcan
más discusiones es importante para que el terapeuta
tenga confianza a la hora de anunciar que llegó el momento del alta. Si la pareja interpreta adecuadamente (a
través de la formulación) sus momentos de tensión y pone
en práctica alguna de las actitudes que estimula esta terapia, resulta claro que ha llegado a su fin. Por supuesto,
debe captar que la pareja no tiene la impresión de que el

---

[53] Barraca (2016, pp. 81-82).

cierre ha sido prematuro o en falso. El desvanecimiento progresivo de las ayudas y orientaciones que ofrece la terapeuta en las sesiones anteriores y, como se muestra aquí al pasar los tres y seis meses, una buena reacción a pesar de que las sesiones se hayan espaciado tanto son los mejores indicadores de que el terapeuta puede cerrar la intervención con garantías.

Como se ve al inicio del encuentro transcurridos los tres meses (Sesión 17), en estas sesiones de seguimiento se pregunta de forma directa y natural por las experiencias que hayan resultado arduas o que hayan supuesto un reto para la recién conseguida estabilidad de pareja. Si los dos aseguran que han soportado bien esos embates y que han hecho uso de los recursos y estilos de comunicación aprendidos a lo largo de la terapia, se reafirma el aprovechamiento de la intervención. Y es justo eso lo que se observa en el caso de Marina y Pedro al explicar a Cristina cómo, ante el tema del excesivo trabajo actual de Pedro y su relación más estrecha con una compañera, tiraron de una comunicación empática, una disposición positiva y proactiva para resolver en común los problemas, o cómo no perdieron de vista las reglas de la comunicación y solución de problemas (*v. gr.*, hablar de los propios sentimientos, buscar un momento adecuado para sacar el tema, etc.); así como también cómo cultivaron el sentimiento de equipo y la planificación conjunta para resolver lo que les preocupaba. Y finalmente, la solución que ambos acordaron —salir juntos con la compañera de Pedro que despertaba los celos de Marina— fue una forma sensible y comprometida de afrontar satisfactoriamente la situación. Al resolverlo así, se intensificó su sentimiento mutuo de intimidad y se sintieron más fuertes para plantar cara a otras posibles amenazas a su relación: justo uno de los objetivos de la TIP en que los problemas se convierten en oportunidades de intensificación del compromiso.

Igualmente, otro aspecto destacable de estas sesiones es la conciencia de que los cambios experimentados en la forma de actuar mutuamente han sido propiciados por la terapia. Expresamente, Marina y Pedro reconocen que es la experiencia de las sesiones con Cristina lo que les ha dado ocasión para adquirir estrategias facilitadoras de su bienestar; estrategias que tienen que ver con las formas de comunicación de la TIP. Así, dice Marina: *"Yo al menos no hubiera sabido expresarme con delicadeza y sin atacar... e igual hubiese estado fría y distante"*; y también Pedro: *"Yo tampoco... Me lo hubiera tomado como una ofensa, seguramente me sentiría controlado (...)"*. Y concluye él mismo: *"Estamos más unidos que nunca"*, que es justo el objetivo de las técnicas de aceptación de esta terapia.

Algo más adelante, en estas sesiones conviene hacer síntesis y recordar algunos de los aspectos clave de la terapia. Y es lo que se hace a continuación, cuando de forma conjunta se menciona la inevitabilidad de las diferencias entre ambos y el papel que siempre tendrá la historia de aprendizaje familiar de cada uno, pero que esto, en ningún caso tiene por qué condicionar su futuro y no es una razón para mantener relaciones conflictivas.

La sesión concluye de forma algo sorprendente para Cristina cuando Marina y Pedro le dicen que desean ser padres. Es algo que les ilusiona, pero también les asusta. Y resulta este un sentimiento muy lógico cuando no muchos meses atrás se hallaban en una tesitura tan límite, planteándose la separación. A diferencia de lo que sucede con otras parejas, aquí la propuesta de la paternidad no es algo que se plantee como solución a los problemas que están teniendo, sino solo una vez afrontados y superados estos. E incluso, en este caso, puede entenderse como una consecuencia de su acercamiento y su compromiso. Además, la decisión se toma de forma conjunta y bien meditada, aprovechando los procedimientos que se han ensayado en consulta y en casa previamente con otras temáticas.

La sesión de seguimiento a los seis meses (Sesión 18) tiene un carácter especial, pues el embarazo ya bien patente de Marina y el saber que muy probablemente sea la última vez que se vean como clientes y terapeuta le da un tono particularmente distendido. Con todo, Cristina sabe adoptar un rol profesional cuando, a pesar de mostrarles mucha proximidad, les habla de los miedos que levanta el futuro nacimiento de un hijo y el riesgo para la estabilidad que puede acarrear. De hecho, con mucha frecuencia se consulta a los profesionales por los problemas que se generan en la pareja ante el nacimiento de los hijos. Les recuerda entonces la idea de ser un equipo, con las metáforas empleadas en las sesiones (*"remando en la misma dirección"*). Precisamente, si hay algo que deba reforzarse en el seno de la pareja en el momento del nacimiento de un hijo es el apoyo mutuo y la flexibilidad para adoptar varios roles a fin de sacar bien adelante la familia que formarán.

Marina y Pedro agradecen a la psicóloga uno de los materiales que les facilitó en la consulta, en concreto el guion para solucionar conflictos o disputas. Esto ejemplifica la importancia de proporcionar este tipo de documentos sencillos para que la pareja pueda recordar más fácilmente alguna de las estrategias empleadas. Ambos mencionan que la adaptaron de forma personal, lo que Cristina refuerza al indicar que eso es lo adecuado; no se trata de unas reglas fijas e inamovibles, sino de que sea algo que sirva a la pareja, lo que subraya el enfoque pragmático que tiene la TIP: todo está al servicio de que la pareja funcione, no se trata de promulgar verdades sobre las relaciones o la manera en que se han de abordar siempre los conflictos. Este es un enfoque propio de la terapia contextual, que se basa más en el moldeamiento por las contingencias que en el seguimiento de reglas.

Las muestras de reconocimiento hacia el terapeuta por una pareja que se ha sentido ayudada resultan algo muy normal y frecuente en terapia y, sin duda, lo que más gratifica al profesional que trabaja con parejas, un campo en general muy complejo. Gracias al desarrollo de la TIP los psicólogos cuentan con una intervención útil para orientar adecuadamente en esta área tan importante y tan complicada. Sus altos índices de eficacia suponen también una garantía para que el terapeuta tenga confianza en los métodos y el enfoque que propone, en particular el

camino de la aceptación. Ese 'eslabón perdido' que ahora
se está recuperando en tantas consultas de pareja.

*****

ORIENTACIONES Y GUÍAS EMPLEADAS DURANTE LA INTERVENCIÓN POR LA TERAPEUTA

Proceso para el intercambio de conductas gratificantes para la pareja

CUIDARNOS

1. ¿Qué le gustaría a mi pareja recibir de mí? Hago una lista de cosas concretas y sencillas.
2. ¿Qué cosas de la lista me motiva más hacer? Elijo una o dos.
3. ¿Cuándo y cómo lo voy a hacer? Me planifico un poco y le hago hueco en la agenda.
4. Lo llevo a cabo.
5. ¿Qué he percibido de mi pareja?, ¿cómo me he sentido yo? Hablamos sobre ello para conocernos mejor.
6. Vuelvo al punto 1 cuando desee.

Cómo tomar decisiones en pareja

REGLAS PARA SOLUCIONAR CONFLICTOS Y TOMAR DECISIONES JUNTOS

1. Enunciar el problema en positivo.
2. Enunciar el problema de forma específica y concreta sin juzgar.
3. Hablar de las emociones que cada uno tiene en relación con el conflicto.
4. Ser breve y tener un diálogo orientado a la solución y no al enredo.
5. Reconocer la mutua implicación y responsabilidad en la solución.
6. Solucionar un problema cada vez (en lugar de tratar de resolver varios).
7. Transmitir a la pareja que se entiende su punto de vista.
8. No poner palabras o pensamientos en el otro: no suponer.
9. Evitar críticas y ataques.
10. Lluvia de ideas con las posibles respuestas al problema: orientarse a la solución. Escribir las más plausibles. Mejor si son variadas, aunque de entrada puedan parecer algo disparatadas (luego se elegirán las realmente útiles).
11. Especificar para cada solución qué cambio concreto en el comportamiento implicaría para cada uno, de manera realista.
12. Establecer pros y contras para cada una de las alternativas, y, también en común, de cada solución planteada.
13. Llegar a un acuerdo que cierre la toma de decisiones y finalice el conflicto. El acuerdo debe ser específico, concreto, no abierto a la interpretación y lo mejor es dejarlo por escrito.

Medidas para la prevención de recaídas en la TIP

S.O.S.
PREVENCIÓN CONJUNTA DE RECAÍDAS

1. ¿Tu manera de hablar es suave o dura?, ¿escuchas a tu pareja, y le facilitas que te escuche?, ¿**te pones 'en sus zapatos'**?
2. ¿Qué puedes hacer, en este momento, para expresar a tu pareja que **eres parte de su equipo**?
3. ¿En qué manera puedes, ahora, **cobrar distancia del problema** y animar a tu compañero a sentaros y observarlo juntos?
4. **¿Estás cuidando a tu pareja?**, ¿qué puedes hacer para cuidarla en los próximos días?
5. **¿Te estás cuidando a ti mismo?**, ¿cómo puedes contar con tu pareja para aumentar el autocuidado?
6. ¿Qué cosas te gustan de tu pareja?, ¿cuál es **su "lado luminoso"**?, ¿se lo haces saber?
7. ¿Dedicáis **tiempo a discutir** sobre asuntos importantes?
8. ¿Dedicáis tiempo a **solucionar problemas**?
9. ¿Jugáis a **"pillar al otro"**?

REFERENCIAS BIBLIOGRÁFICAS

Azrin, N. H., Naster, B.J., & Jones, R. (1973). Reciprocity counseling: A rapid learning-based procedure for martial counseling. *Behaviour Research and Therapy, 11,* 365-382.

Bandura, A., & Walters, P. (1963). *Social learning and personality development.* New York: Holt, Rinehart & Winston.

Barraca, J. (2015a). *Traducción del Cuestionario de Pareja, el Cuestionario de áreas problemáticas, el Inventario de Frecuencia y Aceptabilidad de la Conducta de la Pareja (FACP) y el Cuestionario semanal.* Manuscrito incluido en el material para descargar en la web de la editorial del texto de Barraca, J. (2016). *La Terapia Integral de Pareja. Una intervención para superar las diferencias irreconciliables.* Madrid: Síntesis.

Barraca, J. (2015b). Integrative Behavioral Couple Therapy (IBCT) as a third-wave therapy. *Psicothema, 27* (1), 13-18.

Barraca, J. (2016). *Terapia Integral de Pareja.* Madrid: Síntesis.

Barraca, J., Lozano-Bleda, J. H., & Nieto Fernández, E. (en preparación). *IBCTQ-Cuestionario de la Terapia Integral de Pareja.*

Barraca, J., & López-Yarto, L. (1997, 2017[4ed]). *ESFA. Escala de Satisfacción Familiar por Adjetivos* Madrid: TEA Ediciones.

Baucom, D. H. (1982). A comparison of behavioral contracting and problem solving/communications training in behavioral marital therapy. *Behavior Therapy, 13*, 162–174.

Baucom, D. H., & Epstein, N. (1990). *Cognitive-behavioral marital therapy.* New York: Brunner/Mazel.

Baucom, D. H., Epstein, N., & Gordon, K. C. (2000). Marital therapy: Theory, practice, and empirical status. En C. R. Snyder y R. E. Ingram (Eds.), *Handbook of psychological change: Psychotherapy processes and practices for the 21st century* (pp. 280-308). New York: Wiley.

Baucom, D. H., & Lester, G. W. (1986). The usefulness of cognitive restructuring as an adjunct to behavioral marital therapy. *Behavior Therapy, 17*(4), 385-403.

Baucom, D. H., Sayers, S. L., & Sher, T. G. (1990). Supplementing behavioral marital therapy with cognitive restructuring and emotional expressiveness training: An outcome investigation. *Journal of Consulting and Clinical Psychology, 58*(5), 636-645.

Baucom, D. H., Shoham, V., Mueser, K. T., Daiuto, A. D., & Stickle, T. R. (1998). Empirically supported couples and family therapies for adult problems. *Journal of Consulting and Clinical Psychology, 66*, 53-88.

Beck, A. T. (1976). *Cognitive Therapy and the Emotional Disorders.* New York: Int. Univ Press.

Cano-Prous, A., Martín-Lanas, R., Moyá-Querejeta, J., Beunza-Nuin, M. I., Lahortiga-Ramos, F., & García-Granero, M. (2014). Psychometric properties of a Spanish version of the Dyadic Adjustment Scale. *International Journal of Clinical and Health Psychology, 14,* 137-144.

Carrasco, M. J. (1998). *ASPA. Cuestionario de Aserción en la Pareja.* Madrid: TEA Ediciones.

Christensen, A. (2009). *Couple Questionnaire.* Cuestionario no publicado. Los Angeles, CA: University of California, Los Angeles (Trad. Barraca, 2015a).

Christensen, A. (2010). *Weekly Questionnaire.* Cuestionario no publicado. Los Angeles, CA: University of California, Los Angeles. (Trad. Barraca, 2015a).

Christensen, A., & Jacobson, N. S. (1997). *Frequency and Acceptability of Partner Behavior Inventory.* Cuestionario no publicado. Los Angeles, CA: University of California, Los Angeles. (Trad. Barraca, 2015a).

Christensen, A., Jacobson, N. S., & Babcock, J. C. (1995). Integrative behavioral couple therapy. En N. S. Jacobson y A. S. Gurman (Eds.), *Clinical handbook of couples therapy* (pp. 31-64). New York: Guilford.

Cordova, J. V., Jacobson, N. S., & Christensen, A. (1998). Acceptance versus change interventions in behavioral couples therapy: Impact on couples' in-session communication. *Journal of Marriage and Family Counseling, 24,* 437-455.

Cuenca, M. L., Graña, J. L., Peña, M. E., & Andreu, J. M. (2013). Psychometric properties of the Dyadic Adjustment Scale (DAS) in a community sample of couples.

Psicothema, 25, 536-541.

Doss, B. D., & Christensen, A. (2006). Acceptance in romantic relationships: The Frequency and Acceptability of Partner Behavior Inventory. *Psychological Assessment, 18,* 289-302. (Trad. Barraca, 2015a).

Ellis, A., & Harper, R. A. (1961). *A guide to rational living.* Englewood Cliffs, NJ: Prentice-Hall.

Gurman, A. S. (2008). A framework for the comparative study of couple therapy: History, models, and applications. En A. S. Gurman (Ed.), *Clinical Handbook of Couple Therapy* (4th ed., pp. 1-31). New York: Guilford.

Halford, W. K., & Snyder, D. K. (2012). Universal processes and common factors in couple therapy and relationship education. *Behavior Therapy, 43,* 1-12.

Hayes, S. C., Strosahl, K., & Wilson, K. G. (1999). *Acceptance and Commitment Therapy: An experiential approach to behavior change.* New York: Guilford.

Heavey, C. L., Christensen, A., & Malamuth, N. M. (1995). The longitudinal impact of demand and withdrawal during marital conflict. *Journal of Consulting and Clinical Psychology, 63,* 797-801.

Jacobson, N. S., & Addis, M. E. (1993). Research on couples and couple therapy: What do we know? Where are we going? *Journal of Consulting and Clinical Psychology, 61,* 85-93.

Jacobson, N. S., & Christensen, A. (1998). *Acceptance and change in couple therapy: A therapist's guide to transforming relationships.* New York: W. W. Norton.

Jacobson, N. S., Follette, W. C., & Pagel, M. (1986). Predicting who will benefit from behavioral marital therapy. *Journal of Consulting and Clinical Psychology, 54* (4), 518-522.

Jacobson, N. S., & Margolin, G. (1979). *Marital therapy: Strategies based on social learning and behavior exchange principles.* New York: Brunner/Mazel.

Jacobson, N. S., Christensen, A., Prince, S. E., Cordova, J., & Eldridge, K. (2000). Integrative behavioral couple therapy. An acceptance-based, promising new treatment for couple discord. *Journal of Consulting and Clinical Psychology, 68,* 351-355.

Jacobson, N. S., Schmaling, K. B., & Holtzworth-Munroe, A. (1987). Component analysis of behavioral marital therapy: 2-year follow-up and prediction of relapse. *Journal of Marital and Family Therapy, 13,* 187-195.

Johnson, S., & Lebow, J. (2000). The "coming of age" of couple therapy: A decade review. *Journal of Marital and Family Therapy, 1,* 23-38.

Laspra-Solís, C. (en preparación). *Cuestionario de áreas de cambio (Areas of change Questionnaire – ACQ).*

Liberman, R. P. (1970). Behavioral approaches to family and couple therapy. *American Journal of Orthopsychiatry, 40,* 106–118.

O'Donohue, W., & Ferguson, K. E. (2006). Evidence-Based Practice in Psychology and Behavior Analysis. *The Behavior Analyst Today, 7,* 335-347.

Santos-Iglesias, P., Vallejo-Medina, P., & Sierra, J. C. (2009). Propiedades psicométricas de una versión

breve de la Escala de Ajuste Diádico en muestras españolas. *International Journal of Clinical and Health
Psychology, 9,* 501-517.

Snyder, D. K., Castellani, A. M., & Whisman, M. A.
(2006). Current status and future directions in couple
therapy. *Annual Review of Psychology, 57,* 317-344.

Snyder, D. K., Mangrum, L. F., & Wills, R. M. (1993). Predicting couples´ response to marital therapy: A comparison of short-and long-term predictors. *Journal of
Consulting and Clinical Psychology, 61,* 61-69.

Snyder, D. K., Wills, R. M., & Grady-Fletcher, A. (1991).
Long term effectiveness of behavioral versus insight
oriented marital therapy: A 4 year follow-up study.
Journal of Consulting and Clinical Psychology, 59,
138-141.

Spanier, G. B. (1976). Measuring dyadic adjustment: New
scales for assessing the quality of marriage and similar
dyads. *Journal of Marriage and the Family, 38,* 15-28.

Straus, M. A. (1979). Measuring intra family conflict and
violence: The Conflict Tactics Scale. *Journal of Marriage and the Family, 41,* 75-88.

Stuart, R. B. (1969). Operant-interpersonal treatment of
marital discord. *Journal of Consulting and Clinical
Psychology, 33,* 675-682.

Stuart, R. B. (1980). *Helping couples change: A social
learning approach to marital therapy.* New York:
Guilford.

Vincent, J. P., Weiss, R. L., & Birchler, G. R. (1975). A behavioral analysis of problem solving in distressed and
nondistressed married and stranger dyads. *Behavior*

Therapy, 6, 475-487.

Waring, E. M., Stalker, C. A., Carver, C. M., & Gitta, M. Z. (1991). Waiting list controlled trial of cognitive marital therapy in severe marital discord. *Journal of Marital and Family Therapy, 17,* 243-256.

Weiss, R. L., & Cerreto, M. C. (1980). The Marital Status Inventory: development of a measure of dissolution potential. *The American Journal of Family Therapy, 8,* 80-86.

Weiss, R. L., Hops, H., & Patterson, G. R. (1973). A framework for conceptualizing marital conflict: A technology for altering it. Some data for evaluating it. En F. W. Clark & L. A. Hamerrynck (Eds.), *Critical issues in research and practice: Proceedings of the Fourth Banff International Conference on Behavior Modification* (pp. 309-342). Champaign, IL: Research Press.

Whisman, M. A. (1999). Marital dissatisfaction and incidence of major depressive episode in a community sample. *Journal of Abnormal Psychology, 108,* 674-678.

BIBLIOGRAFÍA RECOMENDADA

Barraca, J. (2016). *Terapia Integral de Pareja.* **Madrid: Síntesis.**
Se trata del primer manual en castellano que explica con detalle la intervención de la Terapia Integral de Pareja. Es ante todo un texto dedicado a los que quieren profundizar en el modelo y desean conocer a fondo sus fundamentos y el proceso de su puesta en práctica. Sin embargo, su lenguaje no es complicado y contiene múltiples ejemplos, por lo que su lectura no se restringe a los profesionales y puede ser abordado por un público más extenso.

Jacobson, N. S., & Christensen, A. (1998). *Acceptance and change in couple therapy: A therapist's guide to transforming relationships.* **New York: W. W. Norton.**
Este libro es el manual para el psicólogo clínico y de la salud que desee consultar las fuentes originales de la Terapia Integral de Pareja. Es un texto amplio y detallado, con abundantes referencias para conocer las investigaciones esenciales de esta terapia y las claves para su correcta aplicación en múltiples casos. El texto por el momento no cuenta con una traducción al español por lo que el lector tendrá que dominar el inglés escrito para aprovecharlo.

Pérez Fernández, V. y otros (2010). *Procesos Psicológicos Básicos. Un análisis funcional.* **Madrid: UNED**

Sin tratar sobre Terapia Integral de Pareja, supone una lectura necesaria para cualquier persona que quiera practicar terapia de conducta. El manual es un repaso sistemático desde los principios básicos de aprendizaje a los procesos más avanzados y/o privados, desde una perspectiva eminentemente conductual: es la base sobre la que está cimentado cualquier procedimiento terapéutico basado en la ciencia de la conducta.

GLOSARIO

Coerción: En el marco de la TIP, forma de interacción compuesta por un deseo o petición sobre el otro, que trata de alcanzarse a través del desarrollo de estrategias aversivas. Se podría considerar una suerte de chantaje tácito, en el cual un miembro de la pareja se comporta de manera desagradable por acción u omisión, hasta que obtiene lo que desea. Cuando la persona que lleva a cabo la coerción obtiene lo deseado, entran en acción dos mecanismos de mantenimiento de esta estrategia: se refuerza positivamente la acción de chantajear en la persona que emite la conducta, y se refuerza negativamente (al evitar el comportamiento desagradable) el comportamiento de ceder a dicho chantaje en el otro miembro de la pareja. Así, por ejemplo, Juan puede pedirle a Ana que sea más organizada cuando use el salón para trabajar, y mostrarse seco y distante al ver que su compañera deja las cosas sin recoger; su comportamiento desagradable se mantiene o aumenta hasta que ella deja el salón como estaba; si bien Juan obtiene lo que quiere y Ana se libra del malhumor de su compañero, esta coerción tiene un impacto muy negativo en la salud de la pareja, y fácilmente escalará y será respondida por otra coerción por parte de Ana.

Formulación del caso: Supone un pilar fundamental de la terapia integral de pareja y puede entenderse como un análisis funcional aplicado a las conductas de la pareja. Está compuesto por tres elementos: tema, polarización y trampa mutua, que se ilustran con ejemplos de las interacciones características de la pareja. Al formular el caso se exploran, primero, las dinámicas de la pareja en torno a su conflicto, para después presentar a ambos miembros la información relacionada y ver en qué grado puede ayudarles. El terapeuta se vale de los principios del análisis funcional del comportamiento, utilizando tanto la entrevista como escalas sobre interacciones en pareja, para reunir información y presentarla de una manera relacionada y, ante todo, práctica. El objetivo de la formulación es que la pareja tenga información útil sobre sus interacciones, de forma que pueda servirle tanto si deciden empezar el tratamiento como si no.

Intercambio de conductas: Estrategia de cambio de conducta de la TIP consistente en que cada miembro realice acciones agradables para el otro. Requiere que ambos estén dispuestos a hacer cosas por el otro de manera intrínseca (no solo porque vayan a ser correspondidas). En su puesta en práctica, cada miembro elabora una lista de acciones concretas que puede hacer para agrado o bienestar el otro; se busca que sean simples en su coste y que puedan repetirse. Cuando se ponen en práctica se está pendiente del resultado en el otro miembro de la pareja.

Polarización: Causa principal —para la TIP— de la destrucción de la unión y el bienestar de la pareja. Es el comportamiento (por acción u omisión) de cualquier miembro de la pareja como respuesta a la aparición de las diferencias que conforman el tema, y cuya consecuencia es el surgimiento de sensaciones, pensamientos y emociones de desgaste, desesperanza y apatía. La polarización también es una reacción a las conductas del otro miembro de la pareja en el que se extrema o lleva al límite la propia posición para forzar un cambio en el otro (aunque habitualmente suele tener el efecto contrario y encona la relación). Cuando el tratamiento de la TIP se pone en marcha procura disminuir y extinguir la polarización como respuesta a las diferencias de los miembros de la pareja. El vilipendio y la coerción pueden también ser formas que adopte la polarización.

Reforzamiento natural: Recompensa o consecuencia agradable por sus cualidades directas, en un contexto dado y para una persona determinada. En pareja, dirigir a sus miembros a facilitar reforzamiento natural de comportamientos de unión implica que los premios que se otorguen sean significativos y agradables, así como espontáneos y directos, lo cual solo es posible si ambos conocen bien los gustos, los deseos y la historia del otro. Lo contrario al reforzamiento natural es el reforzamiento arbitrario o artificial. Lo que es natural para un individuo o para una pareja viene determinado por su propia historia de aprendizaje y por el entorno o cultura en que se encuentra. En la TIP se promueve siempre el reforzamiento natural pues es el que se generaliza de forma espontánea.

Separación unificada: Estrategia de aceptación mediante la toma de distancia con el problema. Se materializa cuando la pareja habla sobre un tema que les preocupa y lo abordan de manera racional, formando un equipo que, de manera conjunta, explora aquello a lo que se enfrenta.

Solución de problemas: Estrategia de cambio de conducta consistente en el entrenamiento de habilidades que persiguen el abordaje de conflictos que requieran una toma de decisiones conjunta o un acuerdo. Conflictos típicos en los que se aplica son los monetarios, los laborales, los educativos, los relativos a la crianza de los hijos, la planificación de ocio, etc. En la solución de problemas se entrena a la pareja en reglas para que aborden el conflicto de manera constructiva y práctica.

Unión empática: Estrategia de aceptación mediante la empatía y la comprensión compasiva. Se observa cuando cada miembro de la pareja se comunica de forma no acusadora, de manera suave y amable sobre su propia historia, y sobre aquello que se siente en relación con el problema.

TIP: Siglas correspondientes a Terapia Integral de Pareja, traducción al castellano de la original *Integrative Couple Therapy*, cuyas siglas son ICT. En ocasiones también se utiliza en el mismo sentido Terapia Integral Conductual de Pareja como traducción de *Integrative Behavioral Couple Therapy* (IBCT).

Tolerancia: En la TIP es la actitud de permitir o dejar estar a sabiendas formas de ser o actuar de la pareja. Supone no aceptar, pero sí poner en práctica estrategias para llevar lo mejor posible esta situación. En la TIP, se plantean estas estrategias de tolerancia para mitigar asuntos complicados y diferencias grandes. Las cuatro estrategias principales de tolerancia son destacar aspectos positivos de una conducta negativa de la pareja, practicar las conductas negativas en la sesión, fingir en casa discusiones por las conductas negativas y promover la aceptación a través del autocuidado.

Vilipendio. Es la emisión por parte de uno o ambos miembros de la pareja de desprecios, acusaciones, insultos y juicios que culpabilizan o responsabilizan al otro del problema. Al vilipendiar se entiende que el problema no es algo de la dinámica de la pareja (es decir, de ambos), sino que se achaca al otro. Por ejemplo, suponer que se es infeliz en la pareja porque el otro miembro es un "enfermo/a", no es suficiente habilidoso/a, o por ser inherentemente "malvado/a" o "egoísta".

DIRECCIONES DE INTERÉS

Página web del tratamiento de pareja ofrecido por el Dr. Jorge Barraca:

http://jorgebarraca.com/terapia-de-pareja/

Web del profesor de la Universidad Camilo José Cela y psicólogo clínico Jorge Barraca sobre el tratamiento que ofrece desde la Terapia Integral de Pareja. En ella se hace una mención a los aspectos más básicos de esta intervención para orientación de las parejas que buscan ayuda profesional. Además, se incluye una extensa entrevista en que se ahonda en este modelo. En la web se hace mención a los honorarios de la terapia y a cursos, formaciones o supervisiones que lleva a cabo el Dr. Barraca y a su trayectoria profesional.

Página web de tratamiento y supervisión ofrecido por José Olid:

http://www.joseolid.com

Web profesional de José Manuel Sánchez Olid en la que el lector podrá encontrar información amplia sobre su recorrido, actividades actualizadas y servicios, siempre relacionado con las áreas profesionales a las que se dedica: atención psicológica presencial y online, formación a psicólogos y supervisión individualizada, e investigación en procesos de cambio en psicoterapia.

Página web internacional del modelo de Terapia Integral de Pareja:

http://ibct.psych.ucla.edu/

Esta página web, en inglés, contiene información sobre el modelo de la Terapia Integral de Pareja y enlaces a distintos recursos, cuestionarios, terapeutas (en EE.UU.) e investigadores. También se mencionan los artículos y libros anglosajones de referencia de este enfoque.

Portal de difusión sobre terapias contextuales:

http://www.terapiascontextuales.com

Portal de formación online especializado en terapias contextuales. En él se encuentra una oferta formativa sobre Terapia Integral de Pareja, Terapia de Activación Conductual y otros —en forma de campus virtual con manuales, actividades, vídeos ilustrativos y didácticos con roleplaying, etc.— además de contenido en forma de artículos especializados y clases online tipo webinar de acceso libre.